微时代背景下大学生思想政治教育创新研究

杨 爽 张娟娟 何佳丽◎著

中国华侨出版社

·北京·

图书在版编目（CIP）数据

微时代背景下大学生思想政治教育创新研究／杨爽，张娟娟，何佳丽著. -- 北京：中国华侨出版社，2024.9. -- ISBN 978-7-5113-9285-5

Ⅰ．G641

中国国家版本馆 CIP 数据核字第 20245P9G72 号

微时代背景下大学生思想政治教育创新研究

著　　者：杨　爽　张娟娟　何佳丽
责任编辑：陈佳懿
封面设计：徐晓薇
开　　本：710mm×1000mm　1/16 开　印张：12.25　字数：180 千字
印　　刷：北京四海锦诚印刷技术有限公司
版　　次：2025 年 3 月第 1 版
印　　次：2025 年 3 月第 1 次印刷
书　　号：ISBN 978-7-5113-9285-5
定　　价：68.00 元

中国华侨出版社　北京市朝阳区西坝河东里 77 号楼底商 5 号　邮编：100028
发 行 部：(010) 88893001　　　传　　真：(010) 62707370

如果发现印装质量问题，影响阅读，请与印刷厂联系调换。

前　言

在信息化高速发展的今天，我们进入了一个被称为"微时代"的全新时代。这个时代以社交媒体、短视频、微博等微媒介为主要传播渠道，深刻地改变了人们的交流方式、思维习惯和信息获取途径。对大学生而言，微时代不仅带来了信息获取的便捷，更对其思想观念和行为模式产生了深远的影响。在这样的时代背景下，大学生思想政治教育工作面临着前所未有的机遇与挑战。

基于此，本书以"微时代背景下大学生思想政治教育创新研究"为题，分别从微时代背景下大学生思想政治教育概论、大学生思想政治教育的功能解析、内容拓展、微载体研究以及教育方法的创新路径等方面进行系统的论述，旨在为大学生思想政治教育工作者提供理论参考和实践指导。

本书旨在深入剖析微时代对大学生思想政治教育的影响，探讨如何在新的时代背景下，有效发挥思想政治教育的功能，创新教育方式方法，以适应时代发展的需要。通过阅读本书，读者可以深刻地理解微时代背景下的思想政治教育特点，掌握有效的教育方式和方法，提升教育效果。同时，也期望本书能够引起更多学者和教育工作者的关注，共同推动大学生思想政治教育工作的创新与发展。本书在写作过程中得到许多专家、学者的帮助与指导，在此表示诚挚的谢意。书中难免有疏漏与不够严谨之处，希望读者和专家积极进行批评指正，以待进一步修改。展望未来，期待在微时代背景下，大学生思想政治教育工作能够取得更加显著的成果。

目录

第一章　微时代背景下大学生思想政治教育概论 …………… 1

　　第一节　微时代的内涵释义 ………………………… 1
　　第二节　心理透视——微时代下大学生思想行为新样态 ……… 2
　　第三节　微时代背景下大学生思想政治教育的发展机遇 …… 15

第二章　微时代背景下大学生思想政治教育的功能解析 ……… 22

　　第一节　微时代大学生思想政治教育功能的演进 ………… 22
　　第二节　微时代大学生思想政治教育功能的新特征 ………… 25
　　第三节　微时代大学生思想政治教育功能的实现途径 ……… 28

第三章　微时代背景下大学生思想政治教育的内容拓展 ……… 43

　　第一节　微时代大学生信息安全与意识形态安全教育 ……… 43
　　第二节　微时代大学生道德自觉审视与网络道德教育 ……… 55
　　第三节　微时代大学生网络舆情的思想政治教育引导 ……… 71

第四章　微时代背景下大学生思想政治教育的微载体研究 …… 91

　　第一节　大学生思想政治教育微载体的内涵与外延 ………… 91
　　第二节　大学生思想政治教育微载体的生成机制 …………… 98
　　第三节　大学生思想政治教育微载体效能的提升策略 ……… 111

第五章　微时代背景下大学生思想政治教育方法的
　　　　　创新路径 ………………………………………… 123

　　第一节　心理共鸣与情感联结——结合微心理的
　　　　　　教育方法创新 ………………………………… 123

第二节 价值选择与引导——利用微选择进行教育的
价值引领 …………………………………………… 129
第三节 实践活动与教育融合——开展微公益丰富
教育活动形式 ……………………………………… 130

第六章 微时代背景下大学生思想政治教育话语的创新实践 ……………………………………………………… 151

第一节 微时代大学生思想政治教育话语的创新定位 ……… 151
第二节 构建微时代大学生思想政治教育话语的创新框架 … 165
第三节 微时代大学生思想政治教育话语创新的实践路径 … 168

参考文献 ……………………………………………………………… 187

第一章 微时代背景下大学生思想政治教育概论

第一节 微时代的内涵释义

"随着人类社会过渡到信息化时代,信息传播方式实现了由电话、报纸、广播、电视向互联网的转变,网络的普及对经济和社会发展产生了巨大而深刻的影响。"[1]

"微时代"这一概念,随着信息技术的飞速发展,已经成为现代社会的一个重要特征。在这一时代背景下,微博、微信等微平台的应用工具,以其独特的传播方式和社会影响力,深入人们的日常生活,并对个体的思维和行为模式产生了显著的影响。

从字面上理解,"微"常指"小"或"细小",但在"微时代"的语境中,它所代表的远不止于此。"微"在这里象征着一种新型的信息传播方式,这种方式以微博、微信等社交媒体平台为载体,具有沟通性、分享性、娱乐性和个性化的特点。这些平台使信息的传播更为迅速、广泛,同时也更加个性化和互动化。

学术界对"微时代"的认识始于2009年左右,普遍将其视为互联网发展的一个新阶段。以微博的兴起为标志,随后,微信、微视频、微电影等微文化平台也相继出现,它们共同构成了"微时代"的传播矩阵。这一时代的传播特点在于信息的快速流动、交流的便捷性以及参与的广泛性,极大地促进了社会信息的共享与交流。

"微时代"的传播不仅限于传统的互联网终端,更通过移动通信技术,如4G或5G平台,实现了更为广泛的应用。这种数字化技术的广泛应用,不仅改变了信息传播的方式,也为社会交往、文化传播、经济发展等带来了深远的影响。

在思想政治教育领域,"微时代"的到来为人们提供了新的教育平台和手段。

---

[1] 杨帆,王清涛.信息化时代的网络传播[J].现代交际,2021(8):66.

教育者可以利用微博、微信等微平台，开展更加灵活、互动性更强的教育活动，使思想政治教育更加贴近年轻人的生活实际，更具有时代感和吸引力。同时，这也对教育者提出了新的挑战，要求他们不断创新教育方法，提高信息传播的质量，扩大信息传播的效果。

"微时代"作为一种新兴的社会现象和传播方式，对现代社会的各个方面都产生了深刻的影响。它不仅改变了信息传播的模式，也为思想政治教育等社会活动提供了新的机遇和挑战。对"微时代"的深入理解和有效利用，有助于推动社会的全面进步和发展。

第二节　心理透视——微时代下大学生思想行为新样态

在微时代这一特定的社会文化背景下，大学生的思想行为展现出新的特点和趋势。微时代的信息传播速度快、覆盖面广、互动性强，这些特征深刻地影响着大学生的认知结构和行为模式。微时代的大学生表现出更加开放的思想态度。他们通过网络平台接触到多元文化和不同观点，这种广泛的信息交流促使他们形成更加包容和开放的世界观。同时，这种开放性也带来了思想多样性，大学生在面对不同价值观和思想流派时，更倾向于独立思考和自主选择。

一、微时代下大学生的情感特点

在微时代这一特殊的社会文化语境中，大学生群体的情感特点呈现出新的趋势和变化。微时代以信息技术的迅猛发展为标志，深刻地重塑了人们的交流方式和情感体验。

（一）情感表达的即时性与碎片化

1. 情感表达的即时性

在微时代背景下，情感表达的即时性成为人际交往中的一个显著特点。这一现象主要得益于信息技术的快速发展,尤其是社交媒体平台的普及,它们为情感的即时分享和传播提供了便捷的渠道。

(1) 情感表达的即时性体现在个体能够迅速地通过各种在线平台分享自己的情感状态和心理体验。无论是喜悦、悲伤还是愤怒,个体都可以利用微博、微信等工具,实时地将自己的情感体验传达给亲朋好友或更广泛的社交网络。

(2) 即时性情感表达的广泛性也不容忽视。在微时代,情感表达不再局限于私人领域,而是可以迅速扩展至公共空间。这种情感的公开化和共享性使情感表达成为一种社会化的行为,个体的情感体验能够迅速获得社会的关注和反馈。

(3) 情感表达的即时性还带来了情感交流的高效性。在快节奏的社会生活中,人们对于信息的获取和处理速度有着更高的要求。即时性情感表达满足了这一需求,使情感交流更加迅速和高效,有助于缩短人与人之间的心理距离,增强社会联系。

因此,对于大学生等年轻群体而言,如何在享受即时性情感表达带来的便利的同时,保持情感表达的理性和深度,是一个值得关注的问题。教育者和社会各界需要引导年轻一代正确使用社交媒体,培养他们的情感自我管理能力,帮助他们在微时代中实现健康、积极的情感交流。

2. 情感表达的碎片化

在微时代,情感表达呈现出一种新的趋势,即碎片化。这一现象与社交媒体平台的特性密切相关,尤其是其对信息传播形式的限制,如字数限制、内容的快速刷新等,这些特点促使个体在表达情感时趋于简短、直接。

(1) 情感表达的碎片化首先表现在表达形式的简短性。在微时代,人们倾向于使用简洁的语言、表情符号或图片来传达自己的情感状态。这种简短的表达方式虽然能够迅速引起他人的注意,但是同时也可能导致情感的深度和复杂性被忽略或简化。

(2) 情感表达的碎片化还体现在情感内容的分散性。由于社交媒体平台上信息的海量和快速流动,个体的情感表达往往被分散在不同的时间点和不同的平台上,形成了一种断断续续、不连贯的情感交流模式。这种分散性可能会影响个体情感体验的完整性和连贯性。

(3) 情感表达的碎片化还可能影响情感的深度交流。在微时代,由于信息的快速更迭和个体注意力的有限性，人们可能更倾向于进行浅层次的情感交流，而缺乏深入探讨和反思的机会。这种浅层次的情感交流可能会降低情感交流的质量，影响人际关系的深度和稳定性。

（4）情感表达的碎片化也具有一定的积极意义。它反映了现代社会快节奏的生活方式和人们对信息快速处理的需求。碎片化的情感表达方式能够迅速传达个体的情感状态，满足即时分享的需求，有助于增强社会联系，激发情感共鸣。

（二）情感交流的广泛性与浅层性

1. 情感交流的广泛性

在微时代背景下，情感交流的广泛性得到了前所未有的扩展。这一现象得益于信息技术的快速发展，尤其是社交媒体平台的广泛应用，它们为个体提供了一个广阔的交流空间，使得情感交流能够跨越时间和空间的限制。

（1）情感交流的广泛性表现在交流范围的无限扩大。在微时代，个体可以通过社交媒体平台与世界各地的人建立联系，分享情感体验，获取情感支持。这种广泛的社交网络使情感交流不再局限于个体的直接社交圈，而是可以扩展到更广泛的社会群体。

（2）情感交流的广泛性还体现在交流内容的多元化。微时代的社交媒体平台汇集了来自不同文化、不同背景的人，他们分享着各自独特的情感体验和观点。这种多元化的交流内容为个体提供了丰富的情感体验，有助于拓宽视野，增进对不同情感状态的理解和共鸣。

（3）情感交流的广泛性还促进了情感共鸣的深化。在微时代，个体可以通过社交媒体平台参与公共话题的讨论中，与他人分享自己的观点和情感反应。这种公共的情感交流有助于形成集体的情感共鸣，增强社会凝聚力和归属感。

因此，如何在微时代背景下实现情感交流的广泛性与深度性的平衡，是一个值得关注的问题。个体需要学会筛选和处理情感信息，培养深度交流的能力。同时，社交媒体平台也需要不断优化设计，提供更加人性化的交流环境，以促进健康、有效的情感交流。

2. 情感交流的浅层性

在微时代，情感交流的浅层性成为人际交往中的一个普遍现象。这一特点主要源于社交媒体平台的特性，尤其是信息传播的即时性和广泛性，这些特性在一定程度上影响了情感交流的深度和质量。

（1）情感交流的浅层性体现在交流内容的简化上。在微时代，由于信息传播的速度极快，个体在表达情感时往往倾向于使用简短、直接的语言，以适应快速阅读和浏览的习惯。虽然这种简化的表达方式能够迅速传达情感信息，但是个体也可能因此忽略了情感的复杂性和细腻性。

（2）情感交流的浅层性还体现在交流方式的表面化上。在社交媒体平台上，情感交流往往通过点赞、评论、分享等简单互动形式进行，这些互动形式虽然能够迅速建立起情感联系，但往往缺乏深度和持久性，导致情感交流停留在表面层次。

（3）情感交流的浅层性还可能影响个体的情感体验和情感发展。在微时代，由于情感交流的广泛性和即时性，个体可能会经历大量的情感刺激，但这些刺激往往是短暂和浅显的，难以引发深层次的情感体验和思考。长期处于这种浅层情感交流的环境中，个体的情感发展可能会受到限制。

（三）情感体验的多样性与复杂性

1. 情感体验的多样性

情感体验的多样性是微时代人际交往的一个重要特征。在这一时代背景下，个体的情感体验呈现出丰富多彩的特点，这主要得益于信息技术的发展和社交媒体平台的广泛应用。

（1）情感体验的多样性体现在个体能够接触到来自不同文化、不同背景人群的情感表达。微时代的社交媒体平台汇集了全球化的信息流，使个体能够超越地域和文化的限制，体验到多样化的情感状态和情感表达方式。这种跨文化的交流不仅丰富了个体的情感体验，也拓宽了个体的情感视野。

（2）情感体验的多样性还体现在个体能够在不同的社交场景中体验到不同的情感。在微时代，社交媒体平台提供了多样化的社交场景，如在线社群、兴趣小组、公共论坛等。在这些不同的社交场景中，个体可以根据自己的兴趣和需求参与不同的情感交流中，体验到喜悦、悲伤、愤怒、同情等多种情感。

（3）情感体验的多样性还促进了个体情感认知的发展。在微时代，个体在面对多样化的情感体验时，需要学会识别、理解和表达不同的情感。这种情感认知的发展有助于提高个体的情感智力，促进个体的情感成熟和社会适应能力。

因此，如何在微时代背景下实现情感体验的多样性与情感认知的平衡，是一个值得关注的问题。个体需要学会筛选和处理情感信息，培养自我情感管理的能力。同时，社交媒体平台也需要不断优化设计，提供更加健康、积极的交流环境，以促进个体的情感发展和社会和谐。

2. 情感体验的复杂性

情感体验的复杂性是现代社会个体心理活动的一个重要方面，尤其在微时代背景下，这一特性表现得尤为明显。情感体验的复杂性指的是个体在面对多变的社会环境和人际交往时，所经历的情感状态和心理反应的多样性和不确定性。

(1) 情感体验的复杂性表现在情感类型的多样性上。个体在日常生活中可能同时体验到多种情感，如喜悦、悲伤、焦虑、愤怒等，这些情感可能相互交织，形成复杂的情感体验。微时代的信息爆炸和社交网络的广泛连接，为个体提供了更多的情感触发点，从而增加了情感体验的复杂性。

(2) 情感体验的复杂性还体现在情感产生的原因上。在微时代，个体的情感反应可能由多种因素引起，包括社交媒体上的舆论动态、网络社群的互动影响以及个人生活事件等。这些因素往往相互影响，使情感产生的背景更加错综复杂。

(3) 情感体验的复杂性也反映在情感表达和管理上。由于微时代社交媒体的即时性和公开性，个体在表达情感时需要考虑的因素增多，如社交形象的维护、他人观点的预期等。这要求个体在情感管理上具备更高的自我调节能力，以适应复杂的社交环境。

(4) 情感体验的复杂性还与个体的价值观和认知方式有关。在微时代，不同文化观念和价值取向的交流更加频繁，个体在形成和调整自己的情感体验时，需要在多元价值观中进行选择和平衡，这一过程也增加了情感体验的复杂性。

(四) 情感认知的开放性与选择性

1. 情感认知的开放性

情感认知的开放性是指个体在情感体验和情感理解过程中，对于不同情感状态、情感表达和情感价值的接受能力和包容心态。在微时代背景下，这一特性对于个体的情感发展和社会交往具有重要意义。

（1）情感认知的开放性体现在个体对不同情感类型的广泛接纳上。在多元化的社会环境中，个体可能会接触到各种不同情感体验，包括喜悦、悲伤、愤怒、恐惧等。情感认知的开放性使个体能够理解和尊重这些不同的情感状态，而不是仅局限于自己熟悉的情感范畴。

（2）情感认知的开放性还体现在对不同情感表达方式的包容上。在微时代，情感表达不再局限于传统的面对面交流，而是可以通过文字、图片、视频等多种形式进行。个体需要具备对这些不同表达方式的识别和理解能力，以实现有效的情感交流。

（3）情感认知的开放性还与个体的情感价值观有关。在全球化和信息化的背景下，个体可能会接触到不同文化背景下的情感价值观。情感认知的开放性要求个体能够理解并尊重这些不同的情感价值观念，而不是固守单一的价值标准。

（4）情感认知的开放性也对社会交往产生积极作用。在多元化的社会中，开放的情感认知有助于减少情感交流的障碍，促进不同文化背景人群之间的理解与尊重，增强社会的和谐与包容性。

2. 情感认知的选择性

情感认知的选择性是指个体在面对丰富多样的情感信息时，根据自身的情感价值观、兴趣偏好以及情境需求，有意识地筛选和关注某些情感体验和表达的倾向性。在微时代，这一现象尤为显著，因为个体在信息爆炸的环境中需要对大量的情感刺激进行筛选和判断。

（1）情感认知的选择性体现在个体对情感信息的筛选上。在微时代，个体每天都会接触到海量的情感信息，包括社交媒体上的动态、新闻报道中的故事以及其他形式的情感表达。个体往往根据自己的情感偏好和价值观念，选择性地关注和吸收那些与自己情感认知相契合的信息。

（2）情感认知的选择性还表现在个体对情感体验的深度加工上。面对筛选后的情感信息，个体可能会进一步进行深度的情感体验和反思，形成更丰富和深刻的情感认知。这种选择性的情感体验有助于个体发展个性化的情感理解，提高情感智力。

（3）情感认知的选择性也与个体的社会交往有关。在微时代，个体在社会交往中可能会选择性地展示自己的情感状态，以塑造特定的社交形象。这种选择性的情感表达不仅反映了个体的情感认知，还影响了他人对个体情感状态的理解和反馈。

因此，个体需要在享受情感认知选择性带来的便利与个性化的同时，也要意识到其潜在的局限和风险。通过培养开放的情感认知态度，提高情感信息的筛选和判断能力，个体可以更好地适应微时代的信息环境，实现情感的全面发展和社会交往的和谐。

二、微时代下大学生的思维特点

在微时代背景下，大学生的思维特点呈现出一些新的趋势和特征。这些特点不仅反映了当代大学生的心理发展状态，还与信息技术的发展和社会环境的变化密切相关。

（一）信息处理的快速性

在微时代，信息处理的快速性成为大学生思维特点中的显著标志。这一特点的形成，得益于信息技术的迅猛发展和社交媒体平台的广泛应用，它们为大学生提供了一个信息量巨大、更新速度极快的环境。

第一，信息处理的快速性体现在大学生对信息的迅速获取和筛选能力上。在微时代，大学生能够通过各种在线平台和工具，如搜索引擎、社交媒体、新闻客户端等，快速地获取所需信息。他们能够利用关键词检索、信息流推荐等技术手段，迅速定位到相关信息，并对信息的相关性和可靠性进行初步筛选。

第二，信息处理的快速性还表现在大学生对信息的快速理解和消化能力上。面对海量的信息，大学生需要在短时间内对信息进行初步理解，把握信息的主要内容和关键点。这种快速理解能力有助于他们提高学习效率，适应快节奏的学习生活。

第三，信息处理的快速性还与大学生的思维敏捷性和反应能力密切相关。在微时代，大学生在面对各种问题和挑战时，需要迅速地进行思考和判断，做出决策。这种思维敏捷性和反应能力是信息处理快速性的重要体现，也是大学生适应社会发展的重要素质。

因此，大学生需要在提高信息处理速度的同时，注重提升信息处理的深度和质量。他们需要学会如何在快速获取信息的基础上，进行深入的思考与分析，形成系统化的知识结构。同时，大学生也需要培养批判性思维，提高对信息的甄别和评估能力，避免被虚假或片面的信息误导。

(二) 思维模式的多元化

思维模式的多元化是微时代下大学生心理特征的一个重要表现。在这一时代背景下，大学生的思维模式受到信息全球化和文化交流的深刻影响，展现出多样化的特点。

第一，思维模式的多元化表现在对不同文化观念的接受和融合上。微时代的大学生在全球化的语境中成长，他们通过互联网平台接触到世界各地的文化和价值观。这种跨文化的接触促使他们拓宽视野，学会从不同的文化视角理解和分析问题，形成更为开放和包容的思维模式。

第二，思维模式的多元化还体现在对多种思维方式的掌握和运用上。在微时代，大学生需要处理来自不同领域和渠道的信息，这要求他们不仅要具备逻辑思维能力，还要能够运用创造性思维、批判性思维等多种思维方式。这种多维度的思维方式有助于他们更全面地理解复杂现象，提出创新性的解决方案。

第三，思维模式的多元化与个体的认知发展紧密相关。在微时代，大学生在认知发展过程中，不断接触和学习新的知识、技能和方法，这促进了他们认知结构的丰富和完善。多元化的思维模式使他们能够在不同的认知领域中灵活转换，提高解决问题的效率和质量。

第四，思维模式的多元化也会对个体的创新能力产生积极影响。在知识更新迅速的微时代，创新成为适应社会发展的关键能力。多元化的思维模式为大学生提供了丰富的思维工具和方法，激发了他们的创新思维，使他们能够在学习、研究和实践中提出新的观点和创意。

(三) 认知结构的网络化

认知结构的网络化是微时代下个体认知发展的一个重要特征，这一现象在大学生群体中尤为显著。网络化的认知结构体现了信息时代知识获取和处理方式的根本变化。

第一，认知结构的网络化意味着个体在处理信息时，倾向于构建一个由多个节点和连接组成的复杂网络。在这一网络中，每个节点代表一个知识点或概念，而节点之间的连接则代表知识点之间的关联。这种结构使个体能够在不同知识点之间快速切换和整合信息，提高信息处理的灵活性和效率。

第二，网络化的认知结构促进了跨领域学习和创新思维的发展。在微时代，大学生经常需要在不同学科和领域之间穿梭，寻找问题解决的灵感和方法。网络化的认知结构为他们提供了这样的便利，使他们能够将不同领域的知识进行整合和创新应用。

第三，网络化的认知结构也反映了信息检索方式的变化。在数字化和网络化的环境下，大学生习惯于利用搜索引擎、在线数据库等工具进行信息检索。这种检索方式不仅速度快，还能够获取到大量的相关信息，有助于构建广泛的知识联系。

第四，网络化的认知结构对个体的终身学习能力提出了新的要求。在知识更新迅速的今天，大学生需要不断更新自己的知识体系，以适应不断变化的社会需求。网络化的认知结构为他们提供了一种有效的知识管理和学习策略，使他们能够更加主动且有目的地进行学习。

（四）思维过程的互动性

思维过程的互动性是微时代下大学生认知发展的关键特征之一。在这一时代背景下，思维活动不再是个体孤立进行的，而是在与他人的互动交流中不断形成和发展的。

第一，思维过程的互动性体现在信息交流的双向性上。在微时代，大学生通过社交媒体、论坛、即时通信等平台与他人进行信息的分享和讨论。这种双向的信息流动不仅使他们能够获取来自不同方面的观点和信息，也促使他们表达自己的想法和见解，从而在交流中激发思维的活跃性。

第二，互动性思维强调了合作学习的重要性。在团队项目、学术研讨和在线协作中，大学生需要与他人共同探讨问题、分享知识、整合思路。这种合作过程有助于他们从多角度审视问题，扩大其思维的深度和广度，增强其解决问题的能力。

第三，思维过程的互动性还表现在创新思维的培养上。在与他人的互动中，不同的观点和想法相互碰撞，可能产生新的思维火花。这种思维的互动性为创新提供了丰富的土壤，鼓励大学生跳出传统思维模式，探索更多可能性。

第四，互动性思维还与批判性思维的发展密切相关。在与他人交流的过程中，大学生不仅需要表达自己的观点，还需要学会倾听和评价他人的观点。这种批判性的思考有助于他们识别和分析不同论点的合理性，形成更加独立和成熟的认知判断。

大学生需要在享受思维互动性带来的便利和益处的同时，培养自己的信息甄别能力和独立思考能力。通过合理利用社交媒体和交流平台，他们可以提高自己的思维互动性，促进认知的发展和创新能力的提升。

三、微时代下大学生的个性特点

微时代的到来，为大学生的个性发展提供了广阔的空间和多样的可能性。在这一时代背景下，大学生的个性特点呈现出新的趋势和特征。

（一）自主性强

在微时代背景下，大学生的自主性得到了显著增强。自主性是指个体在行为选择、决策制定和问题解决过程中的独立性和自我驱动能力。这一特点在当代大学生群体中表现得尤为突出，并对个体的学习、生活和发展产生了深远的影响。

第一，自主性在大学生的学术追求中表现得淋漓尽致。在微时代，知识资源的丰富和获取渠道的多样化为大学生提供了广阔的学术视野和自主学习的空间。他们不再局限于传统的课堂教学，而是能够根据自身的兴趣和需求，通过网络平台自主选择学习内容和方式，展现出较强的自我教育能力。

第二，自主性体现在大学生的生活管理上。在独立生活的环境下，大学生需要自我规划日常生活，包括时间管理、财务管理和健康管理等。他们通过自我探索和实践，逐渐形成了一套适合自己的生活方式和行为习惯，展现出较高的自我管理能力。

第三，自主性在大学生的决策过程中发挥着关键作用。面对多样化的选择和复杂的问题情境，大学生需要独立分析信息、评估风险并做出决策。他们通过批判性思维和创造性思维，能够在多种可能性中做出合理的选择，并展现出较强的自我决策能力。

第四，自主性与大学生的自我认知和自我发展密切相关。在微时代，大学生有更多的机会和资源进行自我探索和自我反思。他们通过自我对话和自我评价，不断认识自己的优势和不足，明确自己的价值观和人生目标，展现出较高的自我发展意识。

（二）开放性高

开放性作为微时代下大学生个性特点的一个重要维度，体现了他们在思想观念、价值取向和行为方式上的广泛接纳性和适应性。这一特点在全球化和信息化的背景下显得尤为重要，对大学生的成长和发展具有深远的影响。

第一，开放性高表现在大学生对多元文化和不同观点的包容上。在微时代，大学生通过互联网平台接触到来自世界各地的信息和文化，他们愿意理解和尊重不同的文化传统和价值观念，展现出较强的文化适应性和跨文化交流能力。

第二，开放性高还体现在大学生对新知识、新技术的接受度上。在知识更新迅速的时代，大学生积极学习新知识，掌握新技术，以适应不断变化的社会需求。他们对新兴学科和跨学科领域表现出浓厚的兴趣，愿意探索未知领域，推动知识的创新和应用。

第三，开放性高促进了大学生的创新思维和创造性发展。在开放的思维环境中，大学生能够自由地表达自己的想法，尝试不同的解决方案，从而激发创新思维。他们不拘泥于传统观念和固定模式，敢于挑战权威，提出新颖的观点和创意。

第四，开放性高还与大学生的社会实践和志愿服务活动密切相关。大学生积极参与社会服务和公益活动，通过实际行动展现出对社会的关心和责任感。他们愿意与不同背景的人合作，共同解决社会问题，体现出较强的社会参与意识和团队协作能力。

(三) 创新意识明显

在微时代背景下，大学生的创新意识明显增强，这一特点在他们的学习、研究和日常生活中得到了广泛体现。创新意识是指个体对新思想、新方法和新事物的敏感性以及探索、尝试和创造新事物的内在驱动力。

第一，创新意识体现在大学生对知识的追求上。在信息爆炸的时代，大学生不满足于被动地接受知识，而是积极寻求主动学习和深入探究的机会。他们倾向于通过跨学科的视角来整合知识，提出独到的见解和解决方案，展现出较强的知识创新能力。

第二，创新意识在大学生的实践活动中得到了具体展现。他们热衷于参与科研项目、创新竞赛和创业活动，通过实际操作来验证自己的想法，不断优化和改进。这种实践导向的创新活动，有助于培养大学生的实际操作能力和问题解决能力。

第三，创新意识表现在大学生对传统观念和常规方法的挑战上。他们不拘泥于现有的思维模式和行为习惯，敢于质疑和突破，寻求更有效、更合理的途径，这种批判性思维和创新精神是推动社会进步和发展的重要动力。

第四，创新意识与大学生的个性化发展密切相关。在微时代，每个人都可以成为信息的生产者和传播者。大学生利用这一优势，通过社交媒体等平台表达自己的独特观点，创造个性化的内容，展现出鲜明的个性和创造力。

(四) 表达欲望强烈

在微时代，大学生的表达欲望强烈，这一特点在他们的社交互动、学术交流和个人发展中表现得尤为明显。表达欲望强烈反映了个体对于分享观点、情感和信息的内在需求，以及在社会互动中寻求认同和归属感的倾向。

第一，表达欲望强烈体现在大学生积极参与社交媒体的讨论和交流上。他们利用微博、微信、论坛等平台，分享个人生活经历、学术见解和社会评论，展现出对话题参与和意见表达的高度热情。这种积极参与不仅满足了他们的社交需求，也促进了信息的广泛传播和观点的多元交流。

第二，表达欲望强烈还表现在大学生对个人学术成果的展示上。在学术研究和项目实践中,他们倾向于通过论文发表、学术报告和会议交流等方式,分享自己的研究成果和创新观点。这种表达不仅有助于学术交流和知识共享,也增强了大学生的学术影响力和专业认同。

第三,表达欲望强烈还与大学生的自我认知和自我实现密切相关。通过各种表达渠道,大学生能够更好地了解自己的兴趣、价值观和人生目标,实现自我表达和自我确认。这种自我表达的过程有助于个体形成独特的个性和身份,促进个人成长和发展。

第四,表达欲望强烈也对大学生的批判性思维和创新能力产生了积极影响。在表达过程中,他们需要对信息进行筛选、分析和评价,形成独立的观点和判断,这种批判性思维的培养有助于提高大学生的思考深度和创新能力。

(五) 社交方式多样化

在微时代背景下,大学生的社交方式呈现出多样化的特点。这种多样化不仅丰富了他们的社交经验,也反映了当代社会交流模式的深刻变革。

第一,社交方式的多样化体现在线上与线下社交的融合上。大学生利用社交媒体、即时通信工具和在线社交平台等线上工具,与他人建立联系、交流信息、分享生活。同时,他们也积极参与线下的社交活动,如社团聚会、学术研讨会和志愿服务等,这种线上线下相结合的社交模式,拓宽了社交渠道,增加了社交机会。

第二,社交方式的多样化还表现在社交圈子的广泛性上。大学生的社交圈子不仅限于校园内的同学和师长,还包括通过网络平台结识的来自不同地区、不同文化背景的人士。这种跨地域、跨文化的社交方式有助于他们拓宽视野,增进对不同文化和社会现象的理解。

第三,社交方式的多样化也促进了大学生社交技能的发展。在多样化的社交环境中,他们需要掌握不同的沟通技巧和社交礼仪,学会如何与不同性格和背景的人建立良好的关系。这种社交技能的培养对于他们未来的职业发展和人际交往具有重要意义。

第四,社交方式的多样化还与大学生的个性发展紧密相关。在多样化的社交实践中,他们能够更好地认识自己、表达自己,形成独特的个性和风格。这种个性化的社交方式有助于他们在社交中展现自我,实现自我价值。

第三节 微时代背景下大学生思想政治教育的发展机遇

在"微时代",参与主体呈现出大众化趋势,每个人都可以自由使用微媒体,自主选择信息,从而促使人们的主体性得到进一步发挥。同时,微媒体不仅可以承载文字信息,还可以承载图片、视频以及链接信息,这一变革彻底改变了思想政治教育内容的呈现形式。此外,微媒体还使教育资源实现共享、扩大了教育的覆盖面,这都在潜移默化中提高了思想政治教育的实效性。

一、推动受教育者主体性的发挥

主体性是指大学生能够正确地认识自我,主动接受教育内容,能够按照自己的理解,正确地认识接受到的教育信息,并在此基础上发挥主观能动性对接受的教育内容进行筛选整合。大学生借助微媒体,可以平等地发表言论,自主选择微信息,这将会有力地激发大学生的主体意识,促使大学生的主体性得到发挥。

(一)参与主体大众化

在当代社会,随着信息技术的飞速发展,特别是微媒体的普及,大学生的主体意识得到了显著的激发和提升。这一现象主要体现在以下两个方面。

1. 平等意识引导大学生日常交往

在当代高等教育环境中,大学生的交往模式正经历着深刻的变革。平等意识作为其中的关键因素,对大学生的日常交往产生了显著影响。平等意识促使大学生在社交互动中摒弃等级观念,强调个体间的相互尊重与理解,从而构建了一种基于平等的交流框架。

在这一框架下,大学生能够更加自由地表达自己的观点和想法,而不必担心因社会地位或背景的差异而受到限制。这种平等的交往模式不仅促进了思想的自由流通,也增强了大学生之间的相互理解和团结协作。通过平等的交流,大学生能够更好地认识到个体差异的价值，学会尊重和欣赏不同的文化和观点。

此外，平等意识还有助于培养大学生的社会责任感。在平等交往中，大学生意识到每个人都有为社会做出贡献的潜力和责任。这种认识会激发他们积极参与社会事务，为社会的和谐与发展贡献自己的力量。

2. 自我意识发展进入全新阶段

在当代社会，大学生的自我意识发展正经历着一个全新的阶段。随着信息技术的快速发展，特别是社交媒体和网络平台的普及，大学生获得了更多展现自我、认识自我的机会。这一现象表明，大学生的自我意识正在通过多样化的渠道和方式得到显著的扩展和深化。

在这一过程中，大学生通过网络平台分享个人经验、观点和创意，从而在社会中建立自己的形象和声音。这种自我表达不仅增强了他们的自我认同感，也促进了自我价值的实现。通过与他人的互动和反馈，大学生能够更好地理解自己在社会中的角色和地位，以及如何有效地与他人进行沟通与协作。

此外，网络平台为大学生提供了一个实验和探索自我的场所。在这里，他们可以尝试不同的社会角色，探索多种生活可能性，从而对自己的兴趣、能力和目标有更深入的认识。这种自我探索的过程有助于大学生形成更加成熟和全面的自我观念。

（二）信息选择自主性

在信息时代背景下，大学生在信息获取和处理方面展现出了显著的自主性，这一特性在很大程度上凸显了他们的主体地位。信息选择的自主性意味着大学生能够根据自己的需求、兴趣和价值观，主动筛选和吸收信息，而不是被动地接受外界的灌输。

这种自主性不仅体现在信息的筛选上，更体现在信息的深度加工和创新应用上。大学生通过对信息的深入分析和批判性思考，能够形成自己独到的见解和理解，进而在学术研究、社会讨论和文化创作等领域发挥积极作用。他们的这种能力，不仅促进了知识的创新和传播，也加强了社会对年轻一代声音的重视。

此外，信息选择的自主性还为大学生提供了广阔的视野和多元的视角。在全球化和信息化的今天，大学生能够接触到来自世界各地的信息和观点，这有助于他们建立起更为全面和开放的知识体系，促进跨文化理解和交流。

大学生的主体性得到了进一步的确认和强化。他们不再是单纯的知识接受者，而是成为信息的主动探索者和创造者。这种主体地位的确立，不仅对大学生个人的成长和发展具有重要意义，也对社会的进步和创新起到了积极的推动作用。

二、加强思想政治教育内容的生命力

思想政治教育的内容包括世界观教育、政治观教育、人生观教育、道德观教育、法治观教育五大部分，这五部分几乎囊括了教育对象的思想、生活、道德的各个方面，对促进人的全面发展具有重要意义。

（一）教育素材更新及时赋予内容以时代感

在微时代背景下，教育素材的更新速度显著加快，这对于赋予教育内容以鲜明的时代感具有至关重要的作用。教育素材作为传授知识、培养能力和塑造价值观的重要媒介，其时效性和相关性直接影响教育的质量和效果。

第一，教育素材的及时更新能够保证教育内容与社会发展的同步性。在知识更新换代极快的当代社会，教育素材需要紧跟时代发展的步伐，及时反映最新的科研成果、社会动态和文化趋势，从而使教育内容保持活力和前瞻性。

第二，教育素材的更新有助于提高教育的吸引力和感染力。具有时代感的教育素材能够引起大学生的共鸣，激发他们的学习兴趣和探究欲望。通过将当前的社会现象、技术进步和文化创新融入教育素材，可以增强教育的生动性和实践性，使教育更加贴近学生的生活实际。

第三，教育素材的及时更新是培养大学生创新意识和创新能力的重要途径。在不断变化的社会环境中，创新已成为适应和引领发展的关键能力。教育素材中融入的新颖知识、创新思维和前沿技术，能够为大学生提供丰富的创新资源，激发他们的创新灵感，培养他们的创新思维。

第四，教育素材的更新还有助于提升大学生的全球视野和跨文化交流能力。在全球化的背景下，教育素材需要涵盖多元文化的内容，介绍不同国家和地区的发展状况，促进大学生对全球问题的认识和理解。这种跨文化的内容设置有助于培养学生的国际视野，提升他们在全球化时代的竞争力。

教育素材的及时更新对于赋予教育内容以时代感、提高教育质量和培养大学生的综合素质具有重要意义。通过不断更新和优化教育素材，教育者可以更好地适应时代发展的需求，为大学生提供更加丰富、生动和有价值的学习资源，促进他们的全面发展。

（二）信息呈现方式多样化增强了内容的感染力

在微时代背景下，信息呈现方式的多样化已成为增强教育内容感染力的重要途径。传统的思想政治教育多依赖于语言或文字信息的传递，这种方式在一定程度上限制了教育内容的表现力和感染力。随着微媒体技术的发展，信息的呈现方式已经发生了显著变化，变得更加丰富和生动。

第一，多样化的呈现方式能够更好地适应不同学习者的认知偏好。一些学习者可能更偏好文字信息的逻辑性和条理性，而另一些学习者可能更易受到图片和视频的视觉影响。微媒体平台能够同时承载文字、图片、视频、语音等多种信息形式，满足不同学习者的需求。

第二，多样化的呈现方式增加了信息的画面感和生动性，使抽象的教育内容更加具体化和形象化。例如，在进行生命价值观教育时，结合生动的图片和感人的视频，可以使学习者更深刻地感受到生命的宝贵和脆弱，从而增强教育内容的感染力。

第三，多样化的呈现方式有助于提高教育内容的吸引力，改善记忆效果。富有创意的图片、引人入胜的视频和富有感染力的语言，都能够吸引学习者的注意力，提高他们对教育内容的兴趣和参与度，进而加深记忆印象。

第四，多样化的呈现方式还有助于提升教育内容的情境性和互动性。通过模拟真实情境或创建互动环节，学习者能够在更加接近现实的环境中理解和体验教育内容，这种情境化和互动化的学习体验有助于改善学习效果。

信息呈现方式的多样化是微时代提升教育内容感染力的有效手段。通过合理利用微媒体平台的多样化功能，教育者可以创新教育内容的表现形式，提高教育的吸引力和实效性，促进学习者的全面发展。

三、提升大学生思想政治教育的实效性

随着"微时代"的到来，教育信息的获取超越时空限制实现了教育资源共享；教育载体形式多种多样扩大了教育的覆盖面，这些新变化提高了大学生思想政治教育的实效性。

（一）教育载体多样化扩大了教育的覆盖面

一系列微事物的出现，使开展大学生思想政治教育的载体形式得到不断更新与丰富，这些新兴微载体以大学生乐于接受的方式呈现，不仅提升了大学生对思想政治教育的兴趣，也进一步提高了思想政治教育的实效性。

1. 文化载体

"微时代"电影、小说等文化形式发生了变化，其制作者不再局限于专业演员和导演，影片和小说的篇幅也由冗长变得更加短小，普通电影爱好者也可以自主取材，拍摄喜欢的影片；写作爱好者也可以自由书写，展现自己的情感与文采。许多大学生纷纷参与到这种新型的文化创作中来，拿起手中的手机、相机等数码产品，与身边的同学、舍友共同选材，一起拍摄精美的"微电影"；也有学生拿起手中的笔记录大学生活的美好，记录日常生活的欢乐与感动。此外，由于部分大学生学业和就业压力较大，为了提高自身的竞争力，他们每天大部分时间都在图书馆中度过，很少有时间阅读长篇小说和观看影视作品。然而"微电影""微小说"篇幅短小且取材生活化，刚好迎合了这部分大学生的审美需求，突破了时间限制。当前，"微电影""微小说"等"微"型的文化已经成为大学生最为喜爱的文化形式，这也为高校开展大学生思想政治教育提供了"微"型文化载体。

2. 大众传播载体

（1）思想政治教育载体必须具备"口袋"的功能，能够容纳与承载教育的内容、方法、原则等要素。微媒体作为大众传播媒介，其本身就能够容纳大量信息，并且任何人都可以自由地以视频、文字、图片等形式发布信息。因此，高校的思想政治教育工作者可以将微媒体作为传递信息的重要平台，发挥其承载思想

政治教育内容、方法、原则的功能。

（2）思想政治教育工作者和大学生可以借助微媒体中的通信类媒体进行实时互动交流。在大学生遇到困惑时、宿舍关系处理不当时、对自己的人生产生怀疑时可以向老师咨询，老师在帮助学生解决问题的同时积极引导大学生树立正确的理想信念，提高大学生的道德文化素养。可见微媒体作为大学生思想政治教育的载体，不仅顺应时代潮流积极利用新型媒介产品，同时还满足了大学生的心理和行为需求。

（3）合理利用微媒体是促进思想政治教育现代化，扩大思想政治教育覆盖面的有效途径。

3. 活动载体

在微时代背景下，"微公益"作为一种创新的公益活动模式，为大学生提供了参与社会服务和贡献个人力量的新途径。这种公益活动模式突破了传统捐赠的限制，不再单纯依赖经济实力，而是鼓励每个人根据自己的能力，哪怕是微小的力量，参与到公益事业中。

"微公益"的核心在于动员和联合社会各界，特别是大学生群体，通过网络平台发起和参与公益活动。这种方式不仅降低了参与门槛，也扩大了公益活动的覆盖面和影响力。大学生虽然在经济上可能并不宽裕，但他们拥有丰富的知识资源、创新思维和志愿服务的热情，这些都是参与"微公益"的宝贵财富。

通过"微公益"平台，大学生可以发起或参与各种形式的公益活动，如在线募捐、知识分享、志愿服务等。这些活动不仅能够帮助需要帮助的人，还能够提升大学生的社会责任感和实践能力。在参与"微公益"的过程中，大学生能够体会到助人为乐的喜悦，体悟到真、善、美的价值，这对于他们的思想品德教育和个人成长都具有重要意义。

同时，"微公益"也为高校思想政治教育提供了新的载体和途径。高校可以利用"微公益"平台，引导和鼓励学生参与公益活动，培养他们的社会责任感和服务意识。通过实践活动，学生能够将所学知识与社会需求相结合，实现知行合一，这对于提高学生的综合素质和社会适应能力具有积极作用。

"微公益"作为一种新型公益活动方式，在微时代下为大学生提供了参与公益、服务社会的新平台。它不仅有助于培养学生的社会责任感和实践能力，也为高校思想政治教育提供了新的实践途径。通过"微公益",大学生可以以微小的力量参与到公益事业中,为社会的进步和发展贡献自己的一份力量。

(二) 信息超越时空限制实现教育资源共享

在微时代背景下,信息传播的时空限制被显著突破,极大地促进了教育资源的整合与共享。教育资源,作为教育理论和物质的集合体,其价值在于支持和促进教育活动的开展。微媒体技术的广泛应用,为教育资源的传播与利用提供了新的平台和途径。

第一,微媒体信息传播超越时间限制,实现教育资源的整合利用。微媒体作为一种新兴的信息传播工具,其在教育资源的整合与利用方面展现出显著的优势。微媒体信息传播的超越时间限制的特性,为教育资源的全天候可用性提供了可能。

第二,微媒体平台的实时更新和即时推送功能,使教育资源的获取不再受制于特定的时间节点。大学生可以在任何时间,根据自己的学习计划和需求,访问和学习微媒体上发布的教育内容。这种灵活性极大地提高了教育资源的可达性和利用效率。

第三,微媒体的云存储和同步功能,为教育资源的整合提供了技术支撑。教育资源可以通过微媒体平台集中存储和管理,实现跨设备、跨平台的同步共享。这不仅方便了教育资源的保存和备份,也促进了教育资源的整合与优化。

第四,微媒体的社交网络特性,为教育资源的互动交流提供了新的渠道。大学生可以通过微媒体平台参与到教育资源的讨论、评价和共建中来。这种社交化的互动交流,不仅能够激发学生的学习兴趣和参与度,也能够促进教育资源的不断更新和完善。

第五,微媒体的个性化推荐算法,为教育资源的个性化定制提供了可能。微媒体平台可以根据学生的学习行为和偏好,智能推荐适合其需求的教育资源。这种个性化的教育资源推荐,有助于提高教育资源的针对性和有效性。

第二章 微时代背景下大学生思想政治教育的功能解析

第一节 微时代大学生思想政治教育功能的演进

微时代大学生思想政治教育功能发生了新变化，掌握这些功能的新变化，对于适应大学生发展需求、创新教育形式、促进大学生思想政治教育功能的发挥来说具有重要意义。

一、沟通互动功能的平台更多样

"在数字化媒体盛行的时代，互联网、无线通信技术的发展使得多元化的新媒体形态出现在社会空间中，为大众的日常交流、互动带来了诸多便利。对网络信息传播活动而言，网络平台为大众提供了一个公开化、共享化的信息空间，大众的自由言论也需要通过正确的引导来塑造良性的网络生态空间。"[①]

随着网络技术的快速发展，人与人之间的交流模式已经发生改变。网络作为沟通互动平台，为大学生思想政治教育功能的有效发挥提供了契机。就每个个体而言，相比过去，微时代背景下沟通互动的平台变得更加多样化，人际沟通的广度和深度也在一定程度上达到了新的层面，思想政治教育功能的发挥打破了时间和空间限制。

传统思想政治教育多以讲课的方式进行，以被动式面对面交流的形式展开，并且通过学校或社会上开设的心理健康咨询室来解决个人思想问题，解决问题的方法在传播分享过程中是受时间、场地等因素制约的，其功能作用的对象也是有限的。而利用网络平台发挥思想政治教育的功能是可以不考虑时间和空间因素的，无论是在学习上还是在生活上遇到困惑或者困难，我们可以随时随地通过网络来寻求解决问题的办法。

---

① 孟丽娟.新媒体时代网络传播引导实证研究[J].采写编，2023(2):91.

在日常生活中，最常用的沟通互动平台就是微博、微信等应用程序（App），这些平台各有特色，拉近了人们之间的距离，即使相隔两地也可以随时沟通互动。简单来说，微博是一种迷你博客，每一个人都可以注册账号成为微博中的一员，可以根据自己的兴趣爱好选择符合自己类型的博主，任意浏览博主发布的信息，它还有评论和转发的功能，成为微博用户之间沟通互动的重要平台。而微信可以说是一个"熟人圈"，个人使用的微信通信录里大多是认识且熟悉的人，可以通过微信朋友圈、视频、语音等向朋友传递信息，这使得人与人之间的沟通互动变得更加有趣。

除了微博、微信外，还有很多沟通互动的平台，高校思想政治教育工作者应利用好这些平台，以潜移默化的方式影响平台上的受众，从而提高他们对思想政治教育信息的敏锐度和认知水平，同时，让这些平台更好地服务于大学生思想政治教育的功能得以发挥。通过利用更多平台提高教育者与受教育者之间沟通互动的频率，实现双向良性互动。

二、导向渗透功能的内容更丰富

导向功能是思想政治教育的根本功能，其主要作用是任何其他形式的教育都无法代替的。它通过各种举措和方法，引导人们的思想意识、价值取向、行为方式符合社会和个人的发展需求。渗透功能是思想政治教育的一种特殊功能，是适应网络时代发展要求的体现，它利用网络的广泛性和信息的丰富性等特点传播意识形态和政治理论知识，使受教育者受到感化和影响。

在微时代背景下，网络资源的共享与优化组合功能日益增强，这为思想政治教育内容的多元化提供了广阔空间。在此环境下，思想政治教育的传播方式呈现出多样化的特点，不仅局限于文字，更包括微视频、微电影等新媒体形式，这些方式能够通过手机、电脑等终端设备，使信息传播更便捷和直观。

思想政治教育工作者在这一过程中扮演着至关重要的角色。他们需要将理论知识与日常生活紧密结合，采用大学生喜闻乐见的方式进行传播，以增强教育的吸引力和实效性。这种传播方式有助于大学生更好地理解和吸收思想政治教育的内涵，进而将其内化为个人的思想和行为准则。

思想政治教育的核心内容涵盖了社会主义核心价值体系及其核心——社会主

义核心价值观。其主要目标是提升社会成员的道德和思想水平，以实现个人的全面发展。为了达成这一目标，教育内容应涵盖世界观、政治观、人生观、法治观和道德观等方面，这些方面共同构成了思想政治教育的基础框架。

随着网络技术的发展和社会的进步，思想政治教育内容也在不断更新和丰富。除了传统的教育内容外，网络道德教育、网络媒介素养教育、网络文化教育、网络形势政策教育以及网络心理教育等新兴领域也逐渐成为教育的重要组成部分。这些内容的加入，不仅反映了时代发展的需求，也满足了大学生内在成长的需求，使思想政治教育更加贴近现实、更具有指导意义。

三、预测抵御功能的方式更灵活

所谓的预测是"回顾过去，从过去中学习"，它利用人们早期的研究和分析，根据事物发展规律，对未来特定的不确定或未知场景做出假设或判断，以指导人们的行动。抵御是指抵抗、防御。抵御功能主要体现在以下三个方面。

第一，提高大学生网民的思想认识和政治水平，提高明辨是非的能力，使其自觉防范不良思想意识的入侵和影响。

第二，通过网络宣传马克思主义科学理论，对腐朽思想文化进行批判。

第三，通过网络上网民的思想动态可以预见可能发生的思想问题和意外状况，利用思想政治教育手段，采取措施，排除隐患。

传统思想政治教育在进行思想预测过程中不具备网络这一科学预测的条件，教育者一般通过课上观察学生或课下与学生进行谈话的方式来了解学生的思想动态，学生与老师一旦离开课堂就不再联系。这使教育者不能及时准确地了解到大学生的思想动态，获取信息存在延迟现象。思想政治教育者是教育的主体，往往处于主导、领导、权威者的位置，因此在教学过程中，教师提供的信息将作为学生建构知识的基础，所以想要抵御不良信息传播就会从教育者入手，方式比较单一。

而微时代的到来改变了思想政治教育预测思想和抵御信息的方式，预测和抵御功能变得更加灵活。在网络上传播思想政治教育信息的主体不仅局限于教育者，每个人都可以成为信息传播的主体，网络为教育者及时了解大学生的思想动态，进行思想预测，进而为引导大学生抵御不良信息提供了灵活、快速、便捷的方式。

第二节 微时代大学生思想政治教育功能的新特征

"当前，随着微博、微信、短视频软件的发展，网络传播进入'微时代'，它以短小精悍、活泼亲和的传播特点迅速在青年大学生群体中风靡，这使得微时代成为当下高校思想政治教育要面对的新的时代境遇。微时代下，形成了独具特色的青年话语，为创新思想政治教育话语表达和传播方式提供了启示。"① 对于个体的生存、社会的进步以及民族的发展而言，思想政治教育是一项至关重要的任务，它是提高人们思想道德素质、促进人的全面自由发展不可或缺的重要组成部分。如今，信息通过微博、微信等微媒介无所不在地进行传播，人们有意识或无意识地接受着媒介对世界的选择和解读。因此，深入探究微时代大学生思想政治教育的主要特点，对于加强其功能发挥，培养社会主义接班人都具有重要的作用。

一、微时代大学生思想政治教育的多样性

思想政治教育功能并不是单一的，而是具有多样性的。在微时代背景下，微博、微信等微载体在大学生的生活、学习和交往中扮演着重要角色，对于高校大学生思想政治教育来说，这些微载体具有非常广泛的应用空间。高校可以通过对微载体的应用影响大学生的思想、态度和行为，这是一种落实思想政治教育目的的有效形式。思想政治教育功能的多样性取决于微载体应用功能的多样性，具体表现为：

第一，传播的信息内容多样。在微博、微信等平台上可以上传各种素材，并以照片、视频、语音、文字、表情等多种方式呈现，使思想政治教育内容更加生动形象。这将有助于吸引大学生的注意力，激发他们的学习热情，促进教师和学生之间的互动，并在一定程度上增强思想政治教育的亲和力。

---

① 郑友琳.微时代大学生思想政治教育话语创新研究[D].江苏：南京师范大学，2021：1.

第二，传播信息的方式多样。以微博和微信为例，微博具有微群、微刊、超话等功能，而微信提供了朋友圈、群聊、公众号等功能，这些都为思想政治教育提供了多样的信息传播方式，进一步拓宽了信息传播的广度。

二、微时代大学生思想政治教育的隐蔽性

思想政治教育功能发挥的主体包括两个层面，即高校组织与个人。微时代下，微博、微信等微载体的传播特点使思想政治教育功能具有较强的隐蔽性，其隐蔽性主要体现在参与主体具有隐蔽性。

第一，在师生沟通交流中体现了隐蔽性。高校思想政治教育工作者通过微博、微信等微载体开展教育工作，一方面，网络空间的匿名性可以缓解现实中学生面对老师时的紧张感，在与老师的沟通交流中不受拘束，勇于将自己想说的话说出来；另一方面，给予师生双方在进行思想政治教育活动中更多思考和组织语言的时间，使师生可以更准确地提出问题、论述观点，进而提高教学质量。

第二，校园网络舆情管理者体现了隐蔽性。校园网络舆情的管理对高校思想政治教育工作的开展具有重要意义，高校网络舆情是正向的，那么就会促进思想政治教育工作的顺利进行。在日常生活中，大学生是很少能接触到校园网络管理者的，他们隐藏在网络背后，默默无闻地坚守在自己平凡的岗位上，以确保校园网络设施的正常运转，监控校园网络信息，筛选有益的信息内容，了解舆论走向，维护高校网络舆情安全。

三、微时代大学生思想政治教育的动态性

在微时代背景下，大学生思想政治教育展现出显著的动态性特征。这种动态性主要体现在教育内容的不断更新、教育方式的多样化以及教育效果的及时反馈上。

第一，教育内容的不断更新是动态性的直接体现。随着社会的发展和科技的进步，思想政治教育内容需要及时吸纳新的社会现象、科技成就和文化成果，以保持其时代性和前瞻性。教育工作者需不断探索和整合新兴的社会理念和价值

观，使之与社会主义核心价值观相融合，形成与时俱进的教育内容体系。

第二，教育方式的多样化也是动态性的重要表现。微时代为思想政治教育提供了丰富的传播渠道和表现形式，如社交媒体、在线课程、互动论坛等。这些方式不仅拓宽了教育的覆盖面，也增强了教育的互动性和参与性。教育工作者可以利用这些平台，采用更加灵活和创新的方式，激发大学生的学习兴趣和思考能力。

第三，教育效果的即时反馈是动态性的另一个重要方面。在微时代，教育效果可以通过数据分析、在线调查等方式迅速获得，这为教育工作者提供了及时调整教育策略、优化教育内容的依据。通过对反馈信息的分析，可以更准确地把握大学生的思想动态和需求变化，从而实现教育的精准化和个性化。

四、微时代大学生思想政治教育的持续性

微博、微信等微载体具有记录和储存信息的功能，以数字化存在的信息内容可以随时随地被人们复制、共享与传播，而信息在传播过程中势必会对人们的思想和行为会产生一定的影响。教育者和学生在进行网上活动时，可以从互联网永无止境的知识供给中选择他们想要的思想政治教育资源。思想政治教育功能在微时代体现出的持久性，正是教育者和受教育者对信息的选择，因为只要有网络存在，信息就会持续存在。

在教育学中，强调学生是不断成长的个体，因此思想政治教育必须以学生的终身发展为基础。微时代为高校大学生思想政治教育提供了新平台和新途径，思想政治教育工作者得以将教育内容传递给更广泛的受众群体。

通过将视频、音频、文本等多样的形式储存在数据库内，思想政治教育的内容能够巧妙地融入大学生常常接触的网络中，运用网络载体潜移默化地向大学生传递教育信息，这也有利于受教育者随时检索教育信息。思想政治教育信息以各种表现形式存在于网络中，受教育者在长期接触教育信息内容的过程中，便会受到持续而持久的影响。因此，在微时代背景下，思想政治教育功能表现出持续性的特征。

第三节 微时代大学生思想政治教育功能的实现途径

"微时代影响和改变着大学生的价值观念、思维方式和生活方式,对高校思想政治教育教学产生了一定的冲击,同时也给高校教育带来了机遇。高校要创新思想政治教育模式,增强思想政治教育的人文性;利用新型载体,提高思想政治教育的影响力;培养师生的媒体素养,提高思想政治教育的实效性,从而开创大学生思想政治教育工作的新局面。"[①] 本节针对微时代大学生思想政治教育功能在发挥过程中存在的问题,从汇聚微平台正能量,优化渗透功能;提高思政队伍"微"权威,优化互动功能;加强大学生"微"行为监管,优化导向功能三个方面,提出微时代大学生思想政治教育功能发挥的优化对策,以期更好地实现思想政治教育的功能。

一、利用微平台正能量,优化渗透功能

微时代背景下,思想政治教育与网络相结合衍生出新的功能,即渗透功能。网络具有覆盖面广、信息量大、影响力深等特点,思想政治教育可以利用这些特点,打破时空和地域界限,通过网络传播教育信息,对大学生群体进行思想上的渗透。由于网络信息的多元化,大学生自身具有局限性,很难客观全面地辨别信息的好坏。因此,要加强网络平台建设,利用微平台开展思想政治教育工作,着重汇聚思政微平台的正能量,潜移默化地向大学生群体传递积极向上且有价值的信息,这有利于更好地发挥思想政治教育的渗透功能。

(一)营造良好的网络氛围

高等教育机构在思想政治教育领域应当积极适应数字化时代的特点,充分利用微媒体的传播优势,以促进学生全面素质的提升。通过精心设计和实施教育策

[①] 汪丽娜,辛平.微时代大学生思想政治教育的创新探析[J].新教育时代电子杂志(教师版),2019(5):6.

略，可以有效地构建一个积极健康的网络微环境，这对大学生的价值观塑造和行为习惯的培养具有不可忽视的作用。

教育者应当认识到，在微时代背景下，思想政治教育不再是单向的信息传递，而是一个互动和参与的过程。通过抢占网络微平台，教育者可以更直接地与学生进行沟通和交流，传递正面的教育信息，激发学生的思考和讨论。此外，通过讲述贴近学生生活的故事，可以增强教育内容的吸引力和感染力，使学生在轻松愉悦的氛围中接受教育。

同时，宣传正面的榜样人物，可以为学生提供学习的典范，激励他们向善向上，形成正确的人生观和价值观。这些"微榜样"通过其行为和成就，无声地传递着正能量，对学生产生积极的引导作用。

教育者应注重教育内容的创新和多样化，利用网络的互动性和即时性，开展形式多样的教育活动，如在线讨论、主题征文、知识竞赛等，以提高学生的参与度和兴趣。通过这些活动，学生可以在实践中学习，在学习中实践，不断内化和提升自己的思想道德水平。

1. 利用微媒体抢占"微阵地"

在信息技术快速发展的当下，高等教育机构在思想政治教育领域面临着新的机遇与挑战。高校应积极把握时代脉搏，通过构建和优化思政教育教学网站、官方微信公众平台、官方微博平台等微媒体平台，实现教育内容的广泛传播和深入渗透。精准定位是构建有效思政微平台的关键。

（1）高校需对本校特色进行深入分析，明确学校文化、教育理念及学生群体的特点，以此为基础，打造具有针对性和吸引力的思政微平台。通过这样的定位，可以增强平台的教育影响力，实现对学生思想的有效引导。

（2）高校应以大学生的实际需求为出发点，设计平台栏目和内容。这要求教育者深入了解学生的思想动态、生活状态和学习需求，从而推出符合学生口味、贴近学生实际的微文和互动栏目。同时，设置专线平台，为学生提供及时的答疑解惑服务，增强平台的互动性和服务性。

（3）高校应推动思想政治教育网络媒体的纵向和横向发展，实现跨平台资源共享。通过整合学术教学、科研部门和学校的资源，构建一个互联互通、资源共享的思想政治教育网络，从而提高教育内容的丰富性和多样性。

建设好"微阵地",不仅能为大学生营造一个健康向上的网络微环境,更能激发学生的参与热情,引导他们自觉接受思想政治教育,培养正确的人生观和价值观。通过这样的教育实践,大学生将更加积极地投身于社会主义现代化建设,成为新时代的建设者和接班人。

2. 利用微媒体讲好"微故事"

利用思政微媒体讲好"微故事"是一种情景感染法,让大学生感受中华优秀传统文化故事、中国红色故事、百年党史故事等,从而坚定理想信念、强化政治认同、树立正确的价值观。思政微平台上的"微故事"想要深入大学生群体,需要做到以下三点。

(1)整合好"微故事"的资源。选取的"微故事"要具有代表性,能够产生情感上的共鸣,并且具备中国的历史特色、文化特点、时代特征;要以传播社会主义先进文化、中华优秀传统文化、革命文化和中国精神为主旨。思想政治教育工作者可以通过实地考察红色基地、各省博物馆或者搜集报纸、杂志、音像视频等方式整合"微故事"资源。

(2)创新讲"微故事"的方式。在思政微平台上不仅可以通过文字讲"微故事",也可以通过历史影像、微视频、微电影等大学生喜欢的方式讲好"微故事"。总之,要利用好思政微平台,在平台上系统地讲好那些不为人知、震撼人心、铭刻史册的"微故事",营造良好的网络微氛围,使具有正能量的"微故事"渗入大学生的生活和学习当中,融入他们的头脑当中。

(3)利用思政微平台宣传"微榜样"。微榜样是指一些不太被重视的、默默地在基层工作的人员或者群体,被周围人发现并通过微媒介进行广泛传播,并因其高尚的品格和先进事迹而受到人们的赞扬和认可的普通榜样。微时代涌现出众多的"微榜样",因其具有非常强的可亲性、可信性、可学性,对于传播思政微平台的正能量,营造良好的网络微氛围,引导、激励、感化大学生群体来说可以发挥十分重要的作用。

"微阵地"建设好才可以进行思想政治教育工作,"微故事"讲好、"微榜样"宣传到位,才能对大学生进行思想上的渗透。通过抢占"微阵地"、讲好"微故事"、宣传"微榜样"来营造一个良好的网络微氛围。这有利于汇聚微平台的正能量,优化思想政治教育的渗透功能,促使其功能更好地发挥。

（二）传播积极的网络信息

微时代背景下，信息的多元化导致大学生群体信息选择困难，需要思想政治工作者对微信息进行选择、加工以及创新微信息的内容与形式，以此传播积极的网络微信息，汇聚思政微平台的正能量，弘扬主旋律，从而对大学生进行思想渗透和价值引领。

1. 利用微平台选择微信息

微时代到来后，信息更新快速多变，每个人在选择信息的过程中都会受到个体生活环境、教育水平等因素的影响，正确选择微信息是传播积极正向的微信息的前提条件。网络微信息并不都是积极健康的，一些虚假信息、不良言论，甚至是低俗信息充斥在网络空间里，这在一定程度上恶化了大学生思想政治教育环境。这时，就需要思想政治教育工作者利用微平台选择一些对大学生有积极影响的微信息，为大学生指明正确的信息方向。例如，思政微平台的信息传播者应该从源头上筛选信息，防止信息选择错误，可以从新华网、中国新闻网、人民网、光明网、央视网等官方网站选择信息，通过思政微平台向大学生进行传播。思政微平台的信息管理者应该加强对不良信息的检测和识别，及时制止不良信息的传播，严守信息的进出口，尽可能杜绝网络不良信息的出现。

2. 利用微平台加工微信息

思想政治教育工作者通过思政微平台选择好微信息后，需要对微信息进行加工处理，整理、改编、优化微信息，提升微信息的质量。信息传递理论认为信息的传递方式会影响信息的说服力，该理论的核心思想是信息质量、信息来源、信息渠道、信息宿主和其他信息质量都会影响信息说服的效果。

思想政治教育工作者通过思政微平台对微信息进行加工，有利于提高微信息的质量，进一步增强思想政治教育的说服力，引起大学生群体对思政微平台上教育信息的注意，使受教育者对思想政治教育感兴趣，从而达到思想政治渗透教育的预期效果。对微信息进行加工，提高微信息质量，需要思政微平台的信息传播者对微信息中的文字、语言、词汇等进行修改，对微信息进行分类整理，改编不精准信息，识别有效信息，体现出"微"信息的特征，言简意赅地表达出语义内涵。同时，也需要思政微平台上的技术管理人员，熟练掌握信息加工处理和信息传播技术，即对信息进行采集、加工、存储、传播和应用的技术方法，以最大限度地提高信息处理的科学性和合理性。

（三）理性地对待网络交往

人类交往方式的发展与演变是一个具体的、历史的、不断上升的过程，网络的产生和发展使人类的交往方式发展到了一个新的阶段。近年来，微博、微信等网络社交载体成为人与人之间进行沟通互动的重要平台，并且深刻地影响着大学生的人际交往活动。大学生可以借助网络互动载体，在虚拟网络平台空间中实现信息的传递与交流。网络微交往让大学生的学习与生活更加便利，同时也对大学生理性地对待网络微交往提出了挑战。在微时代背景下，面对新形势新问题，需要发挥"微时代"思想政治教育的引领作用，利用微平台有效推进微交往，引导大学生理性地对待网络微交往，从而进一步优化思想政治教育的渗透功能。

1. 利用微平台促进人际交往关系和谐

在数字化时代背景下，网络微交往已成为大学生探索未知世界、实现自由平等追求的重要途径。然而，随之而来的网络交往异化现象，即人机关系取代了传统的人际关系，对人际情感构成了挑战，导致人际关系的疏远。这一现象引起了学术界的广泛关注和深入探讨。

人际交往作为一种特殊的社会现象，对于个体在社会中发挥作用、与他人并肩同行具有基础性作用。对大学生而言，建立良好的人际交往关系不仅是其社会化过程的重要组成部分，也是其成功融入社会的重要前提。

思想政治教育工作者在这一过程中扮演着至关重要的角色。他们可以通过微平台引导大学生参与集知识性、趣味性、娱乐性于一体的互动活动，促进大学生在互动交往中寻找到具有共同兴趣爱好、审美情趣和价值观的伙伴。这种引导不仅有助于丰富大学生的社交经验，也有助于他们形成积极的人际交往观念。

此外，思想政治教育工作者还可以在微平台上设置心理咨询专栏，为大学生提供心理疏导服务，帮助他们消除心理障碍，增进心理健康。通过这样的服务，大学生可以更加自信地表达自己的心声，勇于与他人交往，克服人际交往中的障碍。

为了进一步提升微交往的吸引力和有效性，议题的设置应具有创造性和新颖性。议题内容应通俗易懂，结合时事热点，并具有明确的指引性。通过动态图、微视频等生动有趣的方式呈现议题，可以更好地吸引大学生的注意力，激发他们的参与热情。

2. 利用微平台加强交往价值认知

网络微交往是具有鲜明"微时代"特征的人际交往方式，是大学生人际交往的重要组成部分之一。因为在虚拟空间里，交往主体可以摘掉现实生活中所有的"面具"宣泄情绪、交流情感、表达需求，展现最真实的自己。

同时，网络微交往也可能会带来自私化、趋利化等弊端，出现信任危机、价值观偏离的现象。这时就需要发挥思想政治教育的渗透功能，借助微平台潜移默化地教育、引导大学生加强自己的交往价值认知，树立正确的网络微交往观。思想政治教育工作者可以利用微平台为大学生群体搭建平等的交流专区，让大学生之间自由、平等地开展人际交往，建立互相帮助、谦虚礼貌、团结合作的交往价值观，让他们通过微平台交流专区感受到人情味，感受到与他人相处的真正意义所在，而不要戴着面具开展虚假的交往活动。

思想政治教育工作者可以通过微平台对大学生进行思想教育，让大学生认识到网络微交往是一把"双刃剑"，要理性地看待网络微交往，既要看到积极的部分也要看到消极的部分，认清利弊。同时，提醒大学生在不过度迷恋网络的前提下，充分合理地利用网络进行人际交往，摒弃利己主义、功利主义、享乐主义等不正确的交往价值观，引导大学生以真诚的态度对待人际交往。

3. 利用微平台引导人际交往行为

在"微时代"背景下，大学生思想政治教育的沟通互动渠道和形式呈现出多样化的特点。思想政治教育工作者可以利用微平台这一现代化工具，对大学生正确的人际交往行为进行引导。在现实社会中，大学生在人际交往中通常受到社会规范和道德约束，言行举止较为谨慎。为了正确引导大学生的网络人际交往行为，思想政治教育工作者需要发挥其渗透功能。

（1）可以通过建立和完善微平台交往规范，让大学生群体自觉遵守并掌握这些规范，引导他们正确行使网络权利。

（2）加强大学生网络微交往的诚信教育，培养他们诚实守信的网络交往习惯。

二、提升思政队伍"微"权威，优化互动功能

思政队伍的"微"权威是指思政教育工作者通过使用微博、微信等网络微载体，在对大学生进行思想政治教育工作的过程中形成的，使大学生信服的力量和威望。微时代到来，任何人都可以平等地在网络上获取知识资源，这就使教师的权威性有所降低。高等学校想要实现教育目标，优化思想政治教育互动功能，就需要有一支强有力的思政队伍来保证，这支队伍不仅要有一定的数量，而且也要有较高的质量、水平和权威。

（一）加强思政队伍的"微"权威

要培养出一批又一批优秀的大学生，做好大学生的思想政治教育工作，自然离不开一支高水平、高素质的思政队伍。微时代背景下，在网络上沟通互动时，无论处于什么社会地位、有着什么样的职业，想要让他人信服，树立网络微权威，就必须提高自己的素养，教师职业亦是如此。

思想政治教育者是指导和开展教育活动的人，对学生的影响和指导是最大的，必须肩负起为国家培养全面发展的社会主义建设者和接班人的崇高使命。思政教育者要热爱教育职业，尽好教育职责，加强与学生之间的互动，做好学生的引路人，同时要加强自身的政治素养和知识素养，这对于树立"微"主体权威，发挥思想政治教育的互动功能是至关重要的。

1. 加强教育者的政治素养

政治素养作为思想政治教育者的核心素养之一，对教育者在传授知识、塑造学生价值观方面起着至关重要的作用。这种素养是受特定社会政治形态影响和约束，对个体的立场、观点和方法体系产生深远影响的内在规范。

（1）思想政治教育者必须具备坚定的政治立场，这是其成为合格知识传递者的重要条件。教育者的政治立场应坚定不移，坚持中国共产党的领导，深刻理解党的百年奋斗历程、重大成就和历史经验。教育者只有政治立场坚定，才能在教学中引导学生坚决拥护党的领导，培养他们对党的感恩之情、听从党的指导、跟

随党的步伐。

（2）思想政治教育者应具有坚定的理想信念，这是其教育工作成功的关键。理想信念的坚定体现在对党的忠诚上，教育者通过自己的言行，积极传授党的思想和理论，帮助学生在教育教学过程中自觉树立坚定的理想信念，提高对党的忠诚度。

（3）思想政治教育者需要具备敏锐的时政洞察力。为了使思想政治教育工作达到预期效果，教育内容必须贴近生活、贴近实际、贴近学生。在教学过程中，教育者应结合时事政治和社会热点问题，引导学生关注时事、学习政治知识，从而提高他们的政治敏锐性和鉴别力。

通过这些方式，思想政治教育者不仅能提升自身的政治素养，还能有效地影响和培养学生，使他们成为具有高度政治觉悟和社会责任感的新时代青年。这对于学生的全面发展和社会主义现代化建设具有深远的意义。

2. 加强教育者的知识素养

如何向学生传授知识、教授学业、解答疑惑，需要教师具有良好的知识素养，只有教师具备了丰富的知识储备，才能满足学生的求知欲和好奇心，教师才能成为真正的教育者。思想政治教育工作是一门综合性非常强的学科，就思政教育者而言，想要在网络互动中树立威信，使学生信服，其自身的知识素养要具备以下三点。

（1）要有扎实的思想政治教育学科知识。闻道有先后，术业有专攻，教师职业的不同决定了自己传授学科知识的不同，思想政治教育者作为思想政治教育工作的专业人员，要掌握思想政治教育学基本知识及分支学科。

（2）要有丰富的教育教学知识。教育学主要研究人类的教育行为和规律，并深深根植于人类生活中，在教育是科学还是艺术的争论中，它站在科学的一边。思想政治教育功能想要最大化发挥，就需要思政教育者有丰富的教育教学知识，掌握教育和学生发展规律，借鉴教育学、心理学等相关学科的理论知识和方法，将其运用到思想政治教育工作中，为做好大学生思想政治教育工作奠定基础。

（3）要有丰富的文化知识。思想政治教育者不能把自己的知识体系仅仅局限在某一门学科或者某一领域上，只掌握单一的专业知识不足以和学生在网络上利用微博、微信等进行知识的交流互动，这不仅会限制教师自身知识的发展，还会限制学生知识的拓展与丰富。因此，教师要熟练地掌握历史、地理等大量的文化知识，以此来丰富自己的教学，提高自身能力，抓住多角度和学生进行互动的机会。

（二）提升思政教育者的"微"话语权威

思想政治教育承担着立德树人的根本任务，高校思想政治教育者是对大学生进行思想政治教育工作的话语主体。话语不仅是一种工具，它还承载着传递人的思想、价值观等带有主观色彩的意识。所以，教育者要牢牢把握思想政治教育的"微"话语权，发挥思想政治教育的互动作用，对大学生不良思想和行为进行及时、正确的引导。

教育者想要在微时代背景下提升自己的"微"话语权威，就需要了解微博、微信等载体中大学生思想政治话语方式的特征，以大学生感兴趣的话语方式进行思想教育工作，发挥思想政治教育的互动功能，从而在大学生群体中形成威望和影响力。话语权威并不是话语霸权，在话语权威形成的过程中，教育者在对受教育者进行思想互动时，应该避免在话语表达时的居高临下和强硬灌输。提升思政教育者的"微"话语权威，应该做到以下三点。

1. 思政教育者要转变"微"话语理念

理念是行动的先导，思维方式的变革来源于理念的变化。在微时代背景下，思政教育者对大学生群体进行思想政治教育工作时要打破固有的思维模式，以开放、自由、平等的思维进行教学，转变"微"话语理念，进而提高"微"话语权威。思政教育者要坚持与时俱进的理念，在这个微博、微信等网络载体盛行且被大学生群体追捧的时代，思想政治教育工作者需要加强网络发展意识，适应时代发展，并且及时做出教育方式的调整。

同时，思政教育者要树立平等对话的理念，在日常的生活和学习中，无论是线上还是线下，师生进行互动沟通都需要对话，对话的平等性有利于促进良好师生关系的形成。要真正实现教育主体的平等，应让学生感受到自己是学习的主体，从而建立起对教师的敬仰、爱戴和拥护，这时，思政教育者的权威性也就随之而来。思政教育者也要树立开放包容的理念，微时代带来了一个庞大的公共话语空间，不同学科、不同行业的话语交融交锋，思政教育者要取其精华、去其糟粕，积极吸收微时代中各种各样的优质话语。

2. 思政教育者要提升微语言能力

在微时代背景下，大学生群体的交流互动方式呈现出新的特点，其中微语言的使用尤为普遍。微语言以其简洁、生动、形象的特点，深受大学生群体的喜爱。思想政治教育者若想在这一时代背景下发挥教育的互动功能，提升教育效果，就必须广泛学习和掌握微语言。

思想政治教育话语体系因其措辞和表达的严谨性，往往与微语言的轻松、活泼风格存在差异。这种差异在一定程度上导致了思想政治教育者对微语言的抵触情绪，对其了解不足，从而影响了与大学生群体的有效交流和互动。

为了克服这一障碍，思想政治教育者需要不断提升自己接受新鲜事物的能力。他们应主动学习微语言，理解其内涵，掌握其特点，并将其融入教育教学过程中。通过熟练运用微博、微信等微平台，教育者可以更有效地与大学生群体进行沟通，实现教育内容的传播和思想的引导。

此外，教育者还应通过了解和使用微语言，提升自己的话语引导力，树立"微"话语权威。这不仅有助于拉近与大学生群体的距离，增强教育的吸引力和感染力，也有助于实现思想政治教育的目的，达到互动育人的效果。

微时代对思想政治教育者提出了新的挑战和要求，只有不断学习和适应时代发展，积极拥抱和运用微语言，教育者才能更好地完成教育任务，促进大学生的全面发展。

3. 思政教育者要丰富"微"话语内容

在微时代背景下，高校思想政治教育工作的话语内容面临着新的挑战与机遇。话语内容不仅规定着思想政治教育的目的和任务，其实质是向教育对象传递具有价值引导性的思想政治信息。因此，丰富"微"话语内容对教育对象精神世界的发展具有重要的意义。

大学生对思想政治工作话语内容的要求日益提高，这要求思政教育者不断丰富话语内容，以适应时代发展和学生需求。通过富有特色、贴近生活实际的思想政治话语加强与大学生的互动，获得大学生的肯定，使其符合其发展需求，从而促进学生的发展。

思政教育者需要对政治性话语进行转化,以丰富"微"话语内容。传统的思想政治教育工作话语内容往往以政治性话语为主,这些话语可能显得官方化且晦涩难懂,与微时代简短、生动的话语风格不相符。因此,思政教育者应及时融入最新的政治性话语,对话语进行总结凝练,转化为大学生容易理解和接受的内容。

同时,"微"话语内容的丰富应以传统优秀话语为基础。充分挖掘传统优秀话语,坚持继承其精华,是丰富"微"话语内容的重要途径。此外,"微"话语内容的创新还应以网络有益话语为关键。思政教育者应主动收集积极向上的网络语言资源,了解大学生的话语方式特点,创造新的网络话语,使思想政治工作话语更具有感染力和吸引力。

三、增强大学生"微"行为监管,优化导向功能

思想政治教育要在教育活动的基础上,根据社会发展和个人成长规律,有效引导其思想、行为和价值取向。微时代背景下,随着思想政治教育内容的不断更新,导向功能也随之发生变化,导向功能的发挥不仅受到客观环境的影响,也受到主观因素的影响。因此,加强对大学生"微"行为的监管,需要利用微平台开展思想政治教育活动,运用多主体旗帜鲜明地对大学生进行微媒介素养教育,加大对大学生微信息"进出"的监控力度,引导大学生自觉发挥微意见领袖的作用,从而优化思想政治教育的导向功能。

(一)加强大学生的微媒介素养教育

微时代背景下,大学生面对网络信息的多元化,对不良信息的"免疫力"还不够强,对不良信息传播行为也没有树立正确的态度。所以,应强化大学生微媒介素养教育,引导大学生群体在信息社会学会生存,提升大学生对信息的选择、判断、吸收能力,充分发挥思想政治教育的导向功能。为了提高大学生微媒介素养,需要多方合作,形成教育协同效应,共同发挥作用。

1. 以学校教育为主

在高校这一关键阶段,大学生群体的思想政治教育工作显得尤为重要。高校作为培养高素质人才的摇篮,应当充分发挥其导向功能,特别是在微媒介素养教

育方面。思想政治教育工作者在此过程中扮演着至关重要的角色，他们需要帮助大学生正确对待和使用微媒介，提升大学生的微媒介素养。

当前，微媒介素养教育在高校中的普及程度尚显不足，仅有少数高校开设了相关课程。鉴于此，高校应重视微媒介素养教育课程的开设，将其与思想政治教育有机结合。通过讲授微媒介的相关理论知识，提升大学生对信息的解读能力及网络使用能力，增强他们约束自身微行为的意识，自觉遵循网络道德规范，维护网络秩序。

此外，校园网络的作用不容忽视，它在实现互联网+思想政治教育的导向育人作用中发挥着关键作用。大学生群体普遍倾向于通过网络获取信息，因此，高校可以通过校园网络向学生传输与微媒介素养教育相关的知识。随着学习的深入，学生之间会相互影响、相互促进、相互监督，从而形成正确的微媒介观念，做出符合规范的微行为。

通过这种方式，高校不仅能够培养学生的媒介素养，还能够促进他们形成健康的网络行为习惯，为他们的全面发展和未来的社会参与奠定坚实的基础。这不仅有助于提升大学生的个人素质，也对构建和谐、有序的网络环境具有积极意义。

2. 以社会教育为辅

现代社会是一个信息化社会，大学生在结束了校园生活之后，便会走向社会继续学习和生活，但是从学生到社会人身份的转变并不意味着微媒介素养教育就此结束，而意味着微媒介素养教育的新开始。需要重视的是，仅仅依靠学校对大学生进行微媒介素养教育是远远不够的，需要整个社会多方主体的配合。比如，通过政府资助，在社会上建立一些公益性、非营利性并且具有专业性的微媒介教育机构，相关媒介教育机构多组织开展一些微媒介素养实践活动，以此帮助人们正确认识和使用媒介，培养人的批判思维。此外，还可以发挥网络优势，微媒介专业人士可以通过一些网络平台以不同主题举办各种形式的微媒介知识竞赛、微媒介行为分析等活动，提高公众的媒介素养意识，引起社会各界的关注与参与。

（二）加强大学生网络行为法治教育

随着网络信息化的发展，大学生的网络活动愈加频繁，其价值观念、行为方式也都受到了网络的深刻影响。一方面，网络的便捷性和即时性充实了大学生的校园生活；另一方面，网络的复杂性和虚拟性，使大学生的心理和行为发生了显著变化。部分大学生网络道德缺失以及其行为缺乏自律，导致了违法失范现象的发生，这极大地影响了大学生的健康成长。微时代背景下，高校思想政治教育应该重视这一问题，充分发挥思想政治教育的行为规范导向功能，积极开展网络行为法治教育活动，引导大学生树立正确的网络行为观念，自觉地学法、守法、用法，推动大学生网络行为的正向发展，从而达到加强大学生微行为监管的效果。

1. 为法治教育创造良好的环境氛围

高校作为培养社会人才的重要基地，有责任为法治教育营造一个积极健康的教学环境。通过精心设计和调整思想政治教育及法治基础课程的内容与结构，高校能够有效地实现教育目标，促进法治教育的深入实施。

一方面，高校可以在现有课程体系中增加网络行为规范教育，这不仅有助于学生理解网络行为的法律界限，还能够引导他们形成正确的网络行为习惯。另一方面，将网络行为法律规范知识融入计算机相关课程，通过跨学科的教学方法，可以为大学生提供全方位、多层次的网络法治教育。

此外，高校需要创新和完善思想政治主题网站，使之更加符合本校学生的个性特点和需求。通过个性化的教育平台，高校可以更有效地传播法治教育内容，提高教育的针对性和吸引力。同时，高校应根据不同年级学生的特点，采取差异化的网络法治教育方式，以适应不同学生的发展阶段和认知水平。

通过这些措施，高校可以引导大学生主动学习网络行为法律规范知识，提高他们的法律意识和自我约束能力。这不仅有助于构建一个健康、有序的网络环境，对大学生的全面发展和社会责任感的培养也具有重要意义。

2. 加强大学生的网络道德规范教育

在当代社会，随着信息技术的飞速发展，网络已成为大学生日常生活的重要组成部分。网络环境的复杂性要求大学生在网络活动中展现出高度的道德自觉与自律。加强网络道德规范教育，对于培养大学生的网络文明行为，维护网络空间的秩序与安全具有重要意义。

网络道德规范教育的实施，首先应立足于道德规范的普及与深化。道德规范是网络行为的基石，它为网络立法提供了根本遵循，也是网络法律有效实施的思想基础。教育者需充分认识到网络道德教育的重要性，将其作为思想政治教育的重要组成部分，通过系统化、规范化的教育手段，引导大学生树立正确的网络道德观念。

在教育实践中，教育工作者应充分利用网络微载体，如微博、微信等平台，开展形式多样的网络道德教育宣传。这些微载体不仅能够传播网络道德规范，还能够作为了解大学生网络行为的窗口，帮助教育者深入掌握大学生的上网习惯和网络行为模式。通过对大学生网络失范行为的深入分析，教育者可以发现其背后的根本原因，从而制订出更符合大学生实际的网络行为规范。

此外，网络道德规范教育还应注重针对性和实效性。教育者应根据大学生的网络行为特点，设计符合其认知水平和心理需求的教育内容和方法。通过案例分析、角色扮演、情境模拟等互动式教学手段，提高大学生对网络道德规范的认识和理解，增强其在网络环境中的自我约束能力。

加强大学生网络道德规范教育是一项系统工程，需要教育者、大学生以及社会各界的共同努力。科学的教育方法和有效的教育手段，可以培养大学生的网络道德意识，促进其在网络空间中的文明行为，共同营造一个健康、有序的网络环境。

3. 组建网络行为法治教育队伍

在构建网络行为法治教育体系的过程中，组建一支专业的教育引导队伍显得尤为关键。该队伍应具备思想政治教育的深厚底蕴，并熟练掌握网络行为法律知识，以确保能够对大学生进行有效的网络行为教育和引导。专业人员通过网络平台，能够及时洞察大学生的网络舆论和思想行为动态，从而开展有针对性的行为教育，积极塑造大学生的网络行为。

同时，高校应建立网络行为监督队伍，以体现高校应急管理的能力。通过实施全天候的网络值班制度，对大学生的网络行为进行持续的检查和监督。一旦发现不当行为，监督队伍须迅速上报并采取措施，以确保问题得到及时解决。

此外，组建网络行为善后队伍同样重要。在问题行为得到控制和引导之后，教育过程并未结束。善后队伍需开展事后评估，注重反思，及时进行修改和完善。这一过程对于提高大学生网络行为教育的效果至关重要，有助于形成持续改进和完善的教育机制。

通过这三个层面的队伍构建，可以形成一个全面、系统的网络行为法治教育体系。这不仅有助于提升大学生的网络素养，也有助于构建更加健康、有序的网络环境。

第三章 微时代背景下大学生思想政治教育的内容拓展

第一节 微时代大学生信息安全与意识形态安全教育

一、微时代大学生信息安全意识教育

(一) 信息安全意识教育

信息安全意识教育是随着网络社会信息化发展而产生的一个新概念。为了深入理解微时代大学生信息安全意识教育的理论基础,我们不仅需要探究其内涵、特性以及对社会的影响,还应该对大学生信息安全意识教育的重要性进行深入的讨论和分析。

此外,大学生作为信息社会的重要组成部分,他们的信息安全意识水平直接关系到国家信息安全的未来。因此,加强大学生信息安全意识教育,提高他们的网络安全防范能力,对于构建和谐、安全的网络环境具有重要意义。

1. 信息安全意识教育的概念

教育是培养人的一种社会实践活动。同理,信息安全意识教育可以解释为教育者有目的、有针对性地培养个体对信息安全问题的正确认知并自觉维护信息安全的意识取向的实践活动。

一方面,理解信息安全意识教育的内涵需要正确认识信息安全意识这一概念。信息安全意识既包含个体对信息安全的反映,又包含个体维护信息安全的意识取向,因此在对其概念进行界定时需从以上两个方面进行分析。由此可知,信息安全意识既是对信息安全的概念、重要性、威胁来源、实现途径等方面的正确认知,同时也是对信息安全问题的基本态度和情感体验,此外,还包括关注和维护信息安全的意识取向,现实表现为信息安全防范意识、信息安全战略意识和信

息安全责任意识。

另一方面，厘清信息安全意识教育的内涵，也要清楚地辨析信息安全意识教育与网络安全教育、信息安全教育之间的区别。信息安全意识教育与传统信息安全教育的最大不同在于，它的施教者不是计算机或电子信息相关专业的教师，而是思想政治教育工作者，既包括高校思想政治教育者，也包括社会上从事相关工作的人员。这也就意味着，信息安全意识教育作为思想政治教育体系的一部分，主要目的是通过教育者的正向引导，促使受教育者产生与社会发展要求一致的信息辨识能力和思想意识，并以此指导自身实践。此前，人们提起信息安全意识教育，往往将其与信息安全教育、网络安全教育混为一谈，视为信息安全专业知识的普及或相关技能的培训。但信息安全意识教育主要是培养受教育者的辨识能力和意识取向，单纯的技能培养不属于其教育范围。

2. 信息安全意识教育的特性

（1）政治方向特性。作为思想政治教育的重要组成部分，信息安全意识教育是随着网络技术的发展，尤其是微媒介的兴起而出现的一种全新的教育内容和方式，它在思想政治教育中扮演着越来越重要的角色。网络技术的快速发展，特别是微媒介的普及，带来了大量信息，这些信息质量参差不齐，真伪难辨，对人们的精神世界产生了深远的影响。

受教育者对信息安全的政治敏锐性和政治鉴别力不仅关系到他们的政治立场和政治倾向，而且对他们的行为选择和价值观念也有着重要影响。因此，加强受教育者的信息安全意识教育至关重要，这需要强化其政治方向性特点。这种特点表现为加强政治意识和突出政治属性，这既是信息安全意识教育的基本特征，也是思想政治教育的核心要求。

在开展信息安全意识教育的过程中，必须坚持正确的政治方向，捍卫国家利益，维护国家主权和党中央的权威，确保信息传播的正确性、政治性和导向性。只有这样，我们才能有效保障信息传播的安全性，使信息传播产生积极的社会效益，并且使信息安全意识教育发挥其应有的作用。

通过这种方式，信息安全意识教育不仅能够提升受教育者对网络安全风险的认识和防范能力，还能够培养他们的政治责任感和社会责任感，为构建和谐、安全的网络环境做出贡献。同时，这也有助于受教育者形成正确的世界观、人生观和价值观，促进其全面发展。

（2）时效性特性。时效性是指事物在不同时间表现出的性质上的差异，这种差异在一定程度上决定了人们特定时间范围内的选择或决策是否有效，并且可能影响最终的结果。网络技术的日新月异，特别是微媒介的迅猛发展，导致信息的传播速度和更新速度大幅加快，人们接收信息的效率日益提高，但信息的有效期限是特定的。受教育者对信息安全的有效辨别，有利于推进他们对信息安全问题认识的更新，同时也有利于提升信息安全意识教育的实际效果。加强信息安全意识教育，必须强化其时效性特质，这一特质具体表现为与时俱进、及时有效地提高受教育者的信息安全意识，这是微时代信息安全意识教育的基本保证，也是发挥信息安全意识教育实效性的根本要求。在信息安全意识教育中只有把握正确的教育时机，及时对受教育者施加影响，才能保证教育的及时性、有效性和针对性，才能增强信息安全意识教育的最终效果，达到提高受教育者信息安全意识的目的。

（3）教育引导特性。信息安全意识教育的核心目标是培养受教育者正确的价值观和政治立场，这是通过教育者运用特定方法和手段实施的教育活动。教育引导是信息安全意识教育的本质特征，通过这一过程，教育者向受教育者传授信息安全的相关知识。

教育引导的有效实施对提升受教育者对信息安全重要性的认识至关重要，它对实现信息安全意识教育的目标发挥着关键作用。开展信息安全意识教育活动时，必须强化其教育引导的特性，这具体体现在增强教育者的引导能力和确保教育过程的系统性与计划性。这种强化不仅是信息安全意识教育成功实施的基础，也是思想政治教育的基本要求。

在信息安全意识教育的过程中，教育者需要发挥其引导作用，确保教育的方向性和连贯性，通过潜移默化的方式提升受教育者自觉维护信息安全的意识。这有助于预防信息安全问题的发生，并促进受教育者形成积极的信息安全行为习惯。

综上所述，信息安全意识教育不仅是传授知识和技能的过程，更是一种价值观念和政治观点的塑造过程。教育者应通过有计划、有目的的教育引导，帮助受教育者建立起正确的信息安全观念，从而在网络环境中做出明智的决策，保障个人和社会的信息安全。

通过这种方式,信息安全意识教育能够为构建安全、健康的网络环境做出积极贡献,同时也为受教育者的全面发展和社会责任意识的培养提供重要支持。

3. 大学生信息安全意识教育的作用

"大学生网络信息安全教育是国家安全教育战略的重要组成部分。"[①] 大学生的人生观、价值观还不稳定,还存在自控力和辨识力较差的问题,容易冲动并受到不良网络信息的影响和欺骗。微时代的勃兴助推着大学生的个性化、碎片化生存,但因为信息安全意识教育中的问题使大学生的思想意识、行为倾向和价值取向正在发生着诸多的变化,有些变化会影响和冲击大学生的健康成长和发展。为此,重视和加强大学生的信息安全意识教育显得尤为重要,无论是对网络空间维护,还是对教育主体安全观念提升,抑或对大学生综合素养培养,都具有重要作用。

(1) 有助于净化网络安全空间。作为青年网民的重要代表群体,大学生的网络行为对维护网络环境的风清气正具有直接影响。一方面,重视信息安全意识教育有助于培养大学生更加安全、稳定的网络使用习惯和信息分享意识。在这一过程中,信息的真实性和可靠性都将得到保障,有助于从根源上遏制网络空间的进一步污染,并起到净化网络空间的作用。另一方面,青年大学生是维护网络空间安全的主力军。他们的教育环境和成长时代使他们更易于融入自由、隐匿的微时代,并在使用微博、微信等微媒介时具有得天独厚的优势,这些特性决定了对大学生进行信息安全意识教育的重要性。这样的教育可以促使受教育者深刻地认识到网络安全环境对每一位互联网使用者的重要性,从而培养其维护网络环境的主动性和自觉性,主动承担起传播社会正能量、遏制负面舆论影响扩大的责任。

(2) 转变教育主体的安全观念。信息安全意识教育的教育主体主要是指负责相关工作的思想政治教育者。教育主体对大学生开展教育活动,不代表其自身具有正确、自觉的信息安全意识。微媒介对于年龄层次较高的教育主体来说属于"新兴产物",互联网生活也与其长期以来培养、形成的生活习惯不相符。因此,

---

[①] 马威.大学生网络信息安全意识教育现状分析及教育对策——以河南地区为例[J].河南教育(高等教育),2023(12):31.

他们在使用微媒体的过程中,自身的安全观念普遍较为落后,缺乏警惕性,对信息安全问题的敏锐度较低。这也导致教育主体在实施信息安全意识教育的过程中,对信息安全重要性、紧迫性的理解不够深刻,达不到教育的预期效果。而开展教育活动的过程,也是教育主体进行自我教育的过程,教育主体自身也会受到潜移默化的影响。可以说,信息安全意识教育对更新教育主体自身的安全观念起到了重要作用,其自身安全观念的更新反之也会强化信息安全意识教育的最终效果。

(3)提升大学生的综合素养。信息安全意识教育的核心目标是提升大学生的综合素养。在我国,高等教育致力于培养德、智、体、美、劳全面发展的社会主义建设者和接班人,这一任务对提高大学生的综合素养提出了明确要求。大学生信息安全意识教育作为高校思想政治教育的重要组成部分,其根本目的在于提升大学生的综合素养。

同时,信息安全意识的培育作为信息安全素养的关键要素,对大学生的综合素养教育具有重要影响。通过培养大学生的信息安全意识,使他们能够更好地适应微时代信息高效传播的发展要求,形成健全的信息安全素养。这不仅有助于大学生保持积极向上的品德观念和精神状态,还能促进他们自身综合素养的全面提高。

(二)微时代与大学生信息安全意识教育的关联

探析微时代与大学生信息安全意识教育之间的逻辑关系是进行学理分析的必然要求,这就要求思想政治教育工作者必须对二者之间的逻辑关系进行深入挖掘,在正视微时代的到来对思想政治教育,尤其是大学生信息安全意识教育的挑战的同时,进一步挖掘提升大学生信息安全意识教育对微时代发展的促进作用。

1. 微时代对大学生信息安全意识教育提出挑战

(1)微时代的到来促使信息安全问题呈现出新的发展趋势。微时代的到来使信息传播逐渐呈现出碎片化、自由化等特点,人们的网络空间生活方式不可避免地受到影响,信息的安全性愈加难以得到保障,信息安全也呈现出全新的发展趋势。一方面,信息碎片化发展会导致信息的完整性受到威胁,人们对信息进行加工的过程是将信息"分解—提取—整合"的过程,但经过加工的信息大多无法保证原始信息的完整度，会丧失一部分有效信息，有效信息的缺失会导致信息的完整性受到威胁，成为信息安全问题的诱因。另一方面，信息安全问题的复杂程度加深。微时代的到来促使信息安全问题突破了传统安全问题的界限，复杂程度和影响范围不断加深扩大，在对相关政府监管部门提出新挑战的同时，也对大学生信息安全意识教育的教育内容和施教方法提出了新的要求，只有适应信息安全问题的发展速度，信息安全意识教育的实效性才能得到最大限度的发挥。

（2）信息平等化、自由化影响了大学生自身的价值观念。相较于其他网络群体，微时代大学生的成长轨迹基本与这一时代的发展轨迹息息相关，信息平等化、信息自由化从一开始就融入了大学生的思想观念中，成为青年大学生进行网络活动的准则，贯穿于大学生网络生活的各个方面。与其他年龄层次的网络群体相比，他们更善于利用并乐于在网络上发表自己的态度和看法，他们对网络信息的"信任度"也颇高，这就导致信息平等化和信息自由化这两点在他们的全部网络活动中都有迹可循，并且伴随着青年大学生的思想观念和心理状态逐步发展，进一步影响了他们的价值取向。大学生自身的价值观念与信息自由化、平等化发展有密不可分的联系，意味着大学生的网络言论或行为遭到干预时，容易产生抗拒心理，认为这种干预侵犯了他们的言论自由权，但在缺乏正面干预的境遇下，信息传播的安全性无法得到保证，负面信息自由传播对青年大学生的影响将加大。

由此可见，如何在信息平等化、自由化传播的环境下引导大学生改变自身价值观念并自觉配合信息安全意识教育，成为思想政治教育者开展信息安全意识教育过程中一个新的难题。

（3）信息跨国界传播削弱了主流意识形态的宣传教育及其效果。微媒体的发展确实使信息的传播不再受国家、地域的限制，这种全球化的信息传播趋势在加速信息全球化发展的同时，也的确使大量西方思潮涌入我国。这就使微媒介上充斥着各种关于西方思想、价值观的信息，这无疑增加了网络舆论对主流意识形态的宣传教育及其效果的挑战。

然而，我们也不能忽视的是，虽然西方资本主义国家通过网络外交手段实现信息垄断的情况存在，但并非绝对。同时，虽然我国改革开放和信息全球化的深入发展在某种程度上为西方思想的流入提供了机会，但这并不意味着我们无法对抗或抵御这些思潮的影响。事实上，我国政府和社会各界一直在积极采取措施来加强主流意识形态的宣传和教育，以提高民众的信息辨识力和文化自信心。

对青年群体而言，他们确实更容易受到网络舆论所携带的西方文化、价值观的影响。但是，这并不意味着他们对这些信息缺乏辨识力或者容易受到伤害。相反，通过加强教育和引导，我们可以帮助他们更好地理解和辨别各种思想和文化，从而形成更加全面和客观的认识。

（4）"网络社会"的形成导致信息安全意识教育难度增加。网络时代，人们处于虚拟、隐匿的网络中，试图依靠这种尽可能公开、平等的传播方式减少各阶层人士的身份、生活差异，从而沉浸在一种超越于现实中的自己的虚假社会中。一方面，人们表达看法、意见的权利在技术的支持下获得了有力的维护；另一方面，每个人都可能成为网络社会的信息源，信息的真伪好坏将变得更加难以鉴别。网络社会依旧基于现实社会，但网络言论无法受到法律的有效监督，会导致网络社会凌驾于现实社会之上，政府的公共权力舆论环境必定会受到影响。在别有用心之人的煽风点火下，网络社会很容易就会走向否定一切、批判一切、质疑一切的极端。由此可见，微时代虚拟的"网络社会"存在极大的隐患，网络信息安全得不到完全的保障，信息安全意识教育变得更加复杂。

2. 大学生信息安全意识教育有利于促进微时代的健康发展

在微时代，网络技术是福还是祸，不在网络技术本身，而是取决于应用网络技术的人，这就有必要通过教育并借助教育的引导有效地控制技术所带来的影响和危害。重视大学生的信息安全意识教育正是实现网络技术人文化、人性化和人道化的重要举措，也是使网络技术复归人的生活世界并为人的安全、健康、幸福服务的最佳途径。

（1）大学生信息安全意识教育的提升有助于营造一个风清气正的微媒介环境。网络空间是亿万民众的精神家园，维护其天朗气清、生态良好的环境，是符合人民利益的。大学生作为青年网民的主要群体，同时也是微媒介信息的重要传播者和建构者，他们的一言一行、一举一动、一图一画不仅引领着微媒介信息的风向，更彰显着微媒介的信息和技术取向。

重视大学生的信息安全意识教育，不仅能提升他们信息时代的信息敏锐度和敏感性，还能培养他们的责任心、安全观和大局观。通过教育，大学生能够明白哪些事可为、哪些事不可为，哪些信息可以传播、哪些信息不可以传播，从而在信息的获取和选择中自觉地承担起责任和使命。

此外，信息安全教育还能让大学生明白互联网并非法外之地，微媒介也不是"我的地盘我做主"，同样需要受到法律和道德的约束。作为高知识群体，大学生对待微媒介的态度将引领微媒介技术的发展和信息的传播。施以积极、健康的教育，不仅能引导大学生确立正确的信息观、名利观和自由观，还能推动他们借助微媒介传播正能量的自觉行为。

（2）大学生信息安全意识教育的提升有助于微媒介的合理运用。微媒介技术是一把"双刃剑"，正确合理地运用好微媒介技术不仅使人们的信息交流更加便捷，而且可以为人们的学习、生活和工作提供快速、自由的服务。相反地，不合理地运用或者泛化微媒介技术带来的自由便捷不仅不会获得自由和便捷，反而会给使用者个体乃至社会、国家带来风险和挑战。为此，重视和加强大学生信息安全意识教育既是微时代技术发展的必然选择，也是推动微时代健康有序的必经路径。教育的主要目的是培养人，旨在提升人的境界、促进社会和谐发展。大学生可塑性极强，接受新技术极快，作为思想政治教育重要组成部分的信息安全意识教育不仅承载着维护意识形态安全的重要使命，同时也承载着促进新技术有序发展的重要任务。通过信息安全意识教育不仅能够提升大学生的信息安全意识，增强他们的信息敏感性和敏锐性，而且也能够引导大学生合理使用微媒介等新技术，最终促进技术与人的和谐，推动微时代的有序发展。

二、微时代大学生意识形态安全教育

（一）意识形态与意识形态安全教育

1. 意识形态的概念

意识形态作为学术领域中的一个核心概念，其内涵的探讨历来充满争议，尚未有统一定论。从其起源来看，意识形态最初被理解为"观念的科学"或"思想的科学"，其初衷带有积极的、正面的意义。然而，随着学术研究的深入，意识形态的含义发生了显著转变。它被揭示为往往作为统治阶级的工具，用以掩盖和颠倒真实的社会关系，具有虚假性的特征。

在此基础上，意识形态的阶级属性被进一步强调。一个阶级在掌握物质生产资料的同时，也支配着精神生产资料，因此，无物质生产资料者的思想往往隶属于统治阶级，这一认识为理解意识形态的本质提供了新的视角。

此后，意识形态的研究视角进一步拓宽，涉及社会学、政治学等多个学科领域。意识形态是一套内在一致的思想观念，为政治行动奠定了基础。

综上所述，意识形态作为一个复杂而多元的概念，涵盖了哲学、道德、宗教、法律、艺术等多个领域，具有鲜明的阶级属性，并为统治阶级服务。在学术研究中，我们需保持客观、中立的态度，深入探究意识形态的本质和特征，以期更全面地理解其在现代社会中的作用和影响。

2. 意识形态安全的概念

意识形态安全作为国家安全体系中的核心要素，直接关联着民族、国家以及政党的兴衰命运。深入探讨意识形态安全的科学内涵，我们发现它源于"意识形态"与"安全"两个概念的交融。在学术领域中，"意识形态"通常指代具有阶级属性的思想理论体系，而"安全"则意味着一种免于威胁、无危险的状态。结合两者，意识形态安全指代表统治阶级利益的思想理论体系在保持主导地位的同时，处于稳定、健康且不受外部侵扰和内部挑战的状态。

在当代中国，意识形态安全尤其聚焦于社会主义主流意识形态的稳固，其中社会主义核心价值观的安全是其核心所在。这一安全状态不仅体现了国家政治稳定、经济发展的内在要求，更是维护国家文化独立性和民族精神传承的关键所在。

意识形态安全的内容广泛而深远，它与政治安全、经济安全、文化安全等共同构成了国家安全体系的基石。其中，社会指导思想、民族精神、政治信仰以及社会道德秩序的安全，都是意识形态安全不可或缺的组成部分。这些元素共同构筑了意识形态安全的多元化内涵，彰显了其在国家安全体系中不可或缺的地位。

因此，我们必须高度重视意识形态安全的维护与发展，通过加强思想政治教育、弘扬社会主义核心价值观、促进文化繁荣等措施，不断提升意识形态安全的保障能力，为国家的长治久安和繁荣发展提供坚实的思想基础。

3. 意识形态安全教育的概念

意识形态安全教育，顾名思义，就是为了维护统治阶级的意识形态安全从而对人们进行有关道德、法律、哲学等的教育活动，使其形成共同的社会意识和价值取向，以确保本阶级的主流意识形态不受外来威胁，保持稳定安全的状态。意识形态安全教育的环境可以分为学校和社会两个大的方面，受教育的对象可分为在校学生及社会人员。"意识形态安全是国家安全体系的构成要件，守好高校意识形态安全阵地是坚持马克思主义在意识形态领域指导地位的必然要求，是培育新时代大学生家国情怀和远大理想的先决条件，是确保高校社会主义办学方向的必要举措。"①

（二）微时代加强大学生意识形态安全教育的作用

大学生意识形态安全教育是国家意识形态安全建设的重要内容，在信息技术飞速发展、思想文化高度开放的微时代，我国主流意识形态能否抢占意识形态领域的高地，不仅关系着高校人才培养的质量，还关系着国家的稳定安全。网络空间是意识形态交流、交锋、交融的新舞台，因此，加强大学生意识形态安全教育对强化高校意识形态工作成效、坚定马克思主义信仰、提高大学生文化自信、提升大学生媒介素养等方面具有重要作用。

1. 强化高校意识形态工作成效

在当代高等教育体系中，意识形态安全教育扮演着举足轻重的角色，其成效直接关系到高校能否培养出合格的社会主义事业建设者和接班人。作为高校思想政治工作的核心要素，意识形态安全教育承载着确保高校办学方向正确、培养具有坚定政治立场和崇高道德品质的青年的重要使命。

青年大学生是国家的未来和希望，他们怀揣梦想、充满活力，是实现中华民族伟大复兴的关键力量。然而，在微时代背景下，信息的快速传播和多元化使意识形态安全教育面临新的挑战。因此，加强大学生意识形态安全教育显得尤为重要。

微时代为大学生意识形态安全教育提供了新的平台和机遇。高校教师在这一

---

① 朱少云,宋文元.新时代大学生意识形态安全价值、挑战及路径[J].重庆第二师范学院学报,2024,37(2):122.

过程中扮演着关键角色，他们可以通过近距离接触学生，深入了解学生的真实想法和需求，为及时发现和解决问题提供了便利。同时，教师还可以利用微时代的特点，创新教学方法，丰富教育内容，使意识形态安全教育更加生动、有趣，更具有吸引力。

在微时代背景下，意识形态安全教育应注重实践性和互动性。通过组织各种实践活动，如社会调查、志愿服务等，让学生在实践中体验、感悟和升华意识形态安全教育的内容，从而真正做到知行合一。此外，高校相关部门还可以依据师生的反馈，及时调整和优化工作方案，使意识形态安全教育更具针对性和实效性。

2. 坚定马克思主义信仰

对于经常活跃在网络空间，依靠网络获取信息的大学生来说，马克思主义的话语权将会深刻影响他们的世界观、人生观和价值观。因此，必须加强大学生意识形态安全教育，掌握意识形态领域的主动权和话语权，抢占意识形态领域"新高地"，进一步遏制错误思潮的泛滥。微时代，对大学生进行意识形态安全教育有助于引导大学生学习马克思主义，认同马克思主义，信仰马克思主义，提高大学生应对网络空间意识形态斗争的能力，自觉抵制错误思潮的干扰，做坚定的青年马克思主义者。

3. 提高大学生文化自信

文化是一个国家、一个民族的灵魂。文化繁荣则国运昌盛，文化强大则民族兴旺。中国特色社会主义文化是激励全党全国各族人民奋勇前进的强大精神力量。任何国家和民族的发展都离不开文化的支撑，而文化本身蕴含着特定的意识形态观念。换言之，意识形态是构成一个国家或民族文化核心和灵魂的关键要素。

高校作为青年人的聚集地，是社会文化的重要策源地。高校不仅肩负着为国家培养合格的社会主义事业接班人的重任，也承担着传承中华优秀传统文化、传播社会主义先进文化、提高大学生文化自信的职责。

当前，社会思潮的多样性促使人们的思想观念和价值取向朝着多元化发展。

当前的紧迫任务是团结一切力量，构建具有强大凝聚力和引领力的社会主义意识形态。这包括加强高校意识形态安全工作，特别是对大学生的意识形态安全教育，以及大力弘扬社会主义核心价值观。

通过这些措施，我们可以促进全体人民在理想信念、价值理念、道德观念上紧密团结，引导大学生树立正确的历史观、民族观、国家观、文化观，提高大学生的文化自信，增强他们对中华优秀传统文化和社会主义先进文化的认同感。

4. 提升大学生媒介素养

在信息技术迅猛发展的微时代，信息传播渠道变得更加多样化，信息的快速涌入令人目不暇接。一些西方资本主义国家利用网络空间作为文化渗透的新阵地，在宣扬自由、民主、平等的名义下，他们有意识地推广西方价值观。网络媒体在这些政治运动中起到了推波助澜的作用，这也使网络媒体成为西方国家的重要战略工具。

在网络全球化的大背景下，我国坚持的马克思主义指导地位面临着挑战，文化多元化趋势日益明显，意识形态领域的复杂性也在不断增加。大学生正处于思维活跃的成长阶段，他们更愿意接受新鲜事物，但在网络信息的辨识和处理能力上可能存在不足，对西方意识形态的渗透可能缺乏足够的警觉性，容易受到媒体发布的不实言论的影响，有时可能无法独立思考，甚至可能倾向于接受代表西方国家立场的观点。

时代的发展和科技的进步，对大学生提出了新的要求。除了具备基本素质，大学生还应该不断提升自己的媒介素养，努力成为新时代合格的网民。因此，在微时代加强大学生的意识形态安全教育显得尤为重要。这不仅有助于提高他们的政治觉悟和思想道德素质，还有利于提升他们的媒介素养和辩证思维能力。注重培养大学生的媒介素养，可以帮助他们以理性的态度对待网络言论，进行客观分析，不盲目跟风，在面对重大原则问题时勇于表明自己的立场。

通过加强意识形态安全教育和媒介素养培养，大学生可以更好地适应微时代的信息环境，成为具有批判性思维和独立判断能力的公民，为维护国家文化安全和网络空间的清朗做出积极贡献。

第二节 微时代大学生道德自觉审视与网络道德教育

一、微时代大学生道德自觉审视

(一)大学生道德自觉面临新要求

1. 道德自觉的特征

"中国文化注重道德的进路,从生命主体立言,重生命,崇修养,因此,过早就实现了道德的自觉。"[①] 解释"道德自觉"时,我们首先要理解道德的本质。"道"蕴含了"天道"与"人道"的意涵,它代表了方向、方法和技术,是事物存在与发展的规律以及人顺应这些规律所遵循的处世原则。"德"则主要指人内在的情感与信念,是通过遵循"道"而达到的一种境界或品德。

在西方文化中,道德强调的是一种理性意志,它产生于人们协调和处理各种利益关系的活动中,是建立在自由意志基础上的调节彼此利害关系的一种观念和行为。而在中国,道德更多地表现为一种向内探寻自我的过程,即内得于己,外得于人,它更多地表现为一种生命情感、恻隐之心,如"己所不欲,勿施于人"所表达的那样。

总的来说,道德不同于伦理规定,它本身并非为了某种目的而存在。真正的道德是超验原理,既具体又普遍,是当下的应当。

"自觉"则是指一种有目的、有计划,并能及时控制和调节的自为状态和形式,它表现为在社会实践过程中对自身思想、行为等的觉醒和觉悟。道德自觉,即个体对道德的"觉醒",是个体发自内心地优化道德认知、规范道德行为、提升品格修养,以达到自觉自律的道德境界的过程。这一过程建立在对自身既有道德现状与发展有正确认知、分析、判断和把握的基础上,通过环境熏陶和行为实践等方式不断内化、省察、反思、发展和完善内心的道德,升华内在道德需求,

---

[①] 吕前昌,盖立涛.从道德自觉走向政治自觉的理性审视[J].理论月刊,2010(4):171.

并最终形成一定的道德理性并自觉坚守。

在这一过程中,个体可能会经历"或明强、或暗弱、或隐没、或显出"等一系列的调整和转化。这是一个在个体道德认知与道德行为、个人道德与社会道德、道德理想与道德现实之间取得平衡统一的复杂过程,实现自主、自决、自律、自控。道德自觉的特征主要表现在三个方面。

(1) 道德自觉是道德认知与道德行为的统一。道德认知,一是对一定的规范、原则、标准的道德必然认知,在外在要求方面规范个体行为;二是个体自觉意识到对自身、对他人、对国家、对社会所担负的使命和责任,并主动将其作为自身行动的原则和宗旨。而道德行为主要是指个体在参与社会活动中,依据一定的道德规范和价值标准所采取的行为实践方式,是道德认知的外化表现,也是衡量道德自觉的客观标准。"知者行之始,行者知之成",实现道德自觉不能只局限于个体道德认知层面,更重要的是个体对道德的理性觉解之后,自觉调节道德行为,并形成主动、一贯的行为实践。"知行合一"是道德自觉的基本特性,也是个体道德自觉生成发展的基本原则。

(2) 道德自觉是个人道德与社会道德的统一。道德自觉的生成是个体道德发展与内化社会道德相结合的过程。人一出生就置身于具体且现实、不以个人意志为转移的社会大环境中。人的本质并非单个人所固有的抽象物,在其现实性上,它是一切社会关系的总和,这也意味着人始终身处于一定的道德关系之中,受到外在环境和既有社会道德体系的影响和制约。因此,个人道德自觉的生成和实践离不开社会道德这一根基。

个人道德自觉的实现首先建立在正确认识和把握已有社会道德规范和外在社会道德关系的基础之上。在主体意志和精神追求的驱使下,通过道德教化、环境熏陶、价值塑造等内外因素的共同影响和作用,个体对道德规范、道德关系、道德价值等进行正确的认知、判断、选择及实践,从而达成人与自身、与他人、与社会的和谐统一。这一过程是个体道德潜能的发展、个人价值的舒展以及社会意义实现的历程。

在这一过程中,个人道德的发展与社会道德的内化是相互交织、共同作用的。实现道德自觉需要二者的平衡与统一。

(3) 道德自觉、道德理想和道德现实的统一。道德自觉的生成是一种理性精神和感性体验相结合的过程，一方面要求个人对道德现实的认知、内化、省察等保持理智的状态和清醒的认识，另一方面指向一种自律自觉的人格境界和理想的道德生活，时刻警醒着个人对道德的认识、审视与反思，沟通着人的物质生活与精神世界、现实与理想之间的关系，启发人们在道德实践中关注生活、内视省察，主动建构自我道德理想。理想源于现实，是现实的反映；同时，理想又高于现实，是现实的升华。道德自觉预示着个人在遵循和追求道德理想的过程中，处于一种自明、自持的状态，自如地把握所处的道德关系，累积、沉淀并内化道德认识，自由自主地展开道德实践，思考道德之于人的意义、道德将人引向何方等。这种自明、觉解的状态不再局限于将道德作为维系社会稳定的标杆，而是强调道德的内在价值、理想追求和精神指引，引导人不断内化、反思和践行道德，不断追问和明晰道德之于人生、社会的意义与价值，指引人求真、向善、趋美，不断超越道德自我、升华道德境界，实现道德理想和现实的统一。

2. 大学生道德自觉的生成及发展

大学生的道德自觉是大学生自觉遵循现实角色的道德要求，自觉担当民族大义和时代使命，是其发挥自主性、能动性对道德的持续理解和建构学习的过程。一方面，大学生有道德自觉发展的潜力，结合自身的经历、体验，大学生能充分发挥主观能动性进行自我道德建构。另一方面，已有的社会道德文化是大学生道德自觉建构的根基，大学生道德自觉的生成是在既有的社会道德、价值体系及道德认知、情感意志基础上的建构。面对持续转型、重构的社会道德，大学生需关注社会生活、优化道德关系，对社会道德进行持续的同化、顺应和改造。由此可见，道德自觉是在外在条件和内在心理机制的共同作用下生成的，大学生通过与其所处的道德关系和社会现实的互动联系，自主地展开道德认知、判断、选择、内化等，不断地建构自我道德以适应社会变迁、实现自我价值。因此，大学生道德自觉的生成和发展始终立足于内、外环境的互动联系中，适时调整、不断建构，是一个螺旋上升、自我超越的生成性过程。

（1）道德自我的觉醒。在高等教育领域，道德自我作为大学生内在的一种驱动力，其形成与发展对优化道德认知、塑造优良品质具有核心作用。当大学生开始关注并致力于自身内在道德的发展时，他们便意识到自身作为"道德主体"的独立身份和自由意志。这种对道德的自我觉醒与改进，标志着大学生"道德自我"意识的觉醒。

道德自我觉醒，作为大学生道德认知的深化，是道德自觉生成的主观条件。它受内在道德精神、道德意志的感召，是道德判断与行为之间不可或缺的桥梁。在道德自我的引领下，大学生能够以更加全面、深刻的视角审视自己的精神生活和道德素质，从而实现道德理想的优化和自律自觉的道德境界。

对于"00后"大学生而言，他们已具备自我觉醒的文化学识和主观能动的心理基础，一旦他们"发现"了道德自我，便会以全新的心态、眼光和态度来审视自身的道德现状。在这一过程中，他们需要关注道德伦理生活和现实道德之间的关系，调动自由意志，整合道德资源和外在条件，进行省察与反思。通过主动建构自我道德，大学生能够在内外交互中获得道德理性，实现道德的内化、发展和养成。

因此，大学生道德自我的觉醒不仅是一种引领性的力量，更是道德自觉生成的内在基础。它促进了大学生对道德理性的追求与实践，推动了道德自我认知的深化与发展。这一过程是大学生道德成长的必经之路，对于培养具有高尚道德品质和强烈社会责任感的新时代青年具有重要意义。

（2）道德关系的圆融。道德自觉并不仅仅是内向的、闭关修炼式的内在顿悟，而是作为社会个体，在外部教育感化和环境熏陶的作用下，不断丰富道德认知、拓展自身眼界、深化道德认同、提升道德境界的过程。道德起源于人的社会实践活动和所处的社会关系，这些社会关系主要包括人与自身、与他人、与社会以及与自然的关系。

社会关系实际上决定着一个人道德发展的程度和方向，而道德关系则为道德自觉的生成提供外在支持，影响着道德自律、自觉的发展程度。理想的社会关系表现为一种平和稳定的身心状态、和谐良性的人际关系、开阔充分的社交体系以及平衡共存的生态观念。在这样的社会关系中，大学生能够悦纳自我、理解他人、契合社会、融入自然，实现和谐统一，这也是圆融的道德关系的具体体现。

大学生的道德关系是其思想意识、道德行为、价值规范和社会关系的统一体现。在一定的社会文化背景下，大学生需要主动认识、融合道德情境，妥善调解、把握各种道德关系，自如地分析、化解各类道德冲突，以形成和谐统一的道德关系，进而提升道德理性自觉。

（3）道德人格的完善。大学生道德人格的自觉生成是一个不断认识自我、关注社会的道德觉醒过程，是大学生统一认知、认同、情感、需要、意志的发展过程。随着大学生道德自我的觉醒、道德关系的丰富，其道德人格的完善自然成为修炼的目标与理想所在。道德人格是个体在一定的道德关系和道德活动中所形成的道德性质以及其所表现出来的道德形象。道德人格的形成是一个道德主体发展由量变走向质变的过程，实现个体道德层次的飞跃，标示着道德发展的一贯性、稳定性，使道德主体的内在精神意志和外在行为表现达到和谐一致的境界。道德人格的完善指向较高层次的精神世界。道德人格的实现就是绝对的善，是善的最高标志，在这里，人和道德理想目标达到了统一；是大学生道德情感、需要、思想、意志等的有机结合，要求大学生自觉建构独立、理性、自为、自由的道德人格，内在表现为对道德自我的超越，通过自觉认识、反思、更新自我道德，实现明智、理性的道德生活和个人道德价值。外在表现为道德境界的升华，即提升道德认知、强化道德认同、激发道德需要、唤起道德情感等对现实世界的价值坚守，自觉肩负道德责任与使命，追求更完善、更理性、更美好的道德生活。

3. 大学生道德自觉内容的要求

社会意识源于社会存在，道德自觉本质上反映了社会政治、经济、文化、生态等要素对道德发展的综合要求。我们反对任何试图将某一道德教条视为永恒、终极、不变之道德规律的观念。相反地，历史证明，所有的道德论归根结底都是当时社会经济状况的产物。随着社会历史的变迁和时代的进步，社会道德观念和价值体系也在不断更新和演变。

因此，大学生应当结合当前的时代特性，对现有道德文化进行辩证的省察。在审视道德问题时，应运用发展的眼光，秉持理性的态度，考量这些道德观念是否有利于社会生产力的发展，是否能代表社会道德关系的理想追求，以及是否符合人的自由而全面发展的现实需要。这样的做法有助于大学生形成更加全面、深刻和符合时代要求的道德自觉。

（1）以中华优秀传统道德文化为底蕴。道德自觉具有民族特色，微时代要求大学生树立文化自信。中华传统道德文化博大精深，是中华传统文化最核心的内容之一，大学生应保持道德文化自信，并以此发展道德自觉。

第一，大学生可以从中华传统道德文化中汲取力量，建构道德自觉。我国传统道德文化以"仁"为核心，其"仁、义、理、智、信"的传统道德规范，仍合乎社会主义的价值标准和现代性的道德要求，指导大学生形成道德的理性自觉。

第二，微时代要求大学生以中华优秀传统道德文化为底蕴，发展道德自觉。微时代环境下，大学生的道德发展面临挑战，大学生容易在信息洪流和价值冲突中偏离和迷失主流道德价值观，对此，我们应该保持充分的道德文化自信，精心萃取中华优秀传统美德，为国家和民族培根铸魂，凝聚道德核心力量，生成社会道德自觉。

（2）以红色革命道德精神为涵养。学史明理，红色革命道德精神是道德自觉的宝贵教育资源。我国的红色革命代表了无产阶级战胜腐朽落后的剥削阶级、推翻封建统治、建立社会主义国家的伟大历程。中华人民共和国的成立和红色政权的确立都是来之不易的成果。红色革命的道德精神和伟大实践跨越时空，具有永恒的价值，它们成为激励大学生不忘初心、牢记使命、践行社会主义道德的不竭精神动力。

大学生应当铭记历史，自觉接受红色教育，传承红色基因，内化并感悟道德精神，巩固和升华道德理想信念。在微时代环境下，虽然没有了革命年代的生死考验，但理性与非理性的冲突、技术发展与人性关怀的平衡、中西方意识形态的较量依然存在，大学生群体正面临着道德自觉建构的一系列挑战和风险。

在微时代的复杂环境中，如果没有坚定的道德理想信念，大学生可能会迷失方向，或在网络舆论的巨大冲击下退缩逃避。因此，大学生需要从红色基因中汲取强大的道德信仰力量，继承和发扬优良的革命道德传统，巩固道德信念，坚守道德理想。

通过这样的过程，大学生不仅能够在个人层面上实现道德自觉的提升，也能够在社会层面上为推动社会主义核心价值观的传播和实践做出贡献。红色革命道德精神的教育和传承，对于培养具有责任感、使命感和时代感的新时代大学生具有重要意义。

（3）以社会主义先进道德思想为核心。社会主义先进道德思想是提高公民道德素养的理论指导，也是促进大学生道德自觉发展的核心力量。微时代道德文化的多元喷涌和动态变换冲击着大学生的道德发展，模糊着大学生的道德价值观，对此，我们必须坚守社会主义先进道德观，引导大学生探索以正确的道德精神风貌来承担时代的伦理使命，主动成为社会的良心，生成道德自觉。

第一，社会主义先进道德思想蕴含了以人为本、注重人民生活质量和幸福的基本诉求，与道德理想的自觉追求有高度的契合性、一致性。大学生的理想道德生活是一种与自我内洽统一、与他人理解包容、与社会密切联系、与自然和谐共存的主客体内在统一的和谐状态。达到这种和谐统一，大学生能更自如地生成、发展和践行道德自觉。

第二，社会主义核心价值观是理想道德的目标指引。价值共识的凝聚具有强大的道义力量，体现了我党高度的理论自觉。社会主义核心价值观具有先进性，引领大学生生成并坚守道德自觉。

（二）微时代大学生道德自觉审视的现实价值

1. 道德主体发展的要求

道德是人类社会交往的产物，人们在自我探索和交往实践中获得对道德的认知和理解。在生态、人际和社会关系的交织互动中，道德起着调节个人与他人、集体、社会之间的利益冲突的作用。通过维护各种道德关系，个体发掘自身的道德自我，建构个人道德价值体系，从而推动道德主体的良性发展。作为具有自由意志的独立道德主体，人必须不断内化社会道德规范和价值观念，自觉探索道德和生命的意义，丰富内心的道德法则，以促进道德自觉的形成，实现道德主体自由而全面地发展。

微时代的到来，伴随着微媒体的兴起和数字化生活的普及，为大学生提供了更广阔的生活空间和更大的话语权，然而这也意味着他们需要承担更复杂的道德角色和更高的社会期望。面对碎片化的知识信息、多元化的道德文化、多样化的道德价值观、不断变化的道德规范以及多重身份的伦理要求，大学生的身心发展可能受到限制，容易诱发道德伦理失范行为。这些行为具体表现为网络语言的放纵、知识信息的侵权、道德价值观念的模糊、网络法律意识的淡薄，以及维权意识和途径的不足。

尽管微媒体社交平台和话语场域具有一定的虚拟性，但大学生的道德自觉不应被忽视。在微时代的网络空间中，最终的管理者不是数据工程师的代码，而是道德价值观。道德的基础建立在人类精神的自律上。大学生正处于道德价值观发展和完善的关键时期，因此，培育他们的道德自觉比以往任何时候都更为迫切。

通过加强道德教育和实践，帮助大学生建立正确的道德观念，提升他们的道德判断和行为能力，是确保他们在微时代中健康成长、积极贡献社会的关键。这不仅是对大学生个体发展的要求，也是构建和谐网络环境、推动社会进步的需要。

2. 道德教育深化的探索

长期以来，道德教育往往被工具理性、功利主义和规则本位的价值取向所影响，有时被视为一种单向度培养合格公民的政治工具，仅仅强调按照社会道德规范、法律、程序和要求来塑造个体。在这种教育理念下，似乎只有实用知识和技术才具有德育价值，而道德知识则被视为抽象的伦理要求。通过单调的思想灌输和强制的行为训诫，道德教育有时变成了限制个性发展的苍白教条，导致个体在外在压力下遵守道德，可能会出现言行不一、知行脱节的现象。

然而，道德教育的真正目的并不仅仅是告诫人们遵从规则，而是启发他们如何让精神生活更加充实。道德教化不应是高高在上的训诫，而应遵循人性、贴近生活本质、关注人的精神世界。教育者应与道德主体进行沟通、对话、交流，引导他们自我建构，实现道德自觉。道德教育应满足个体需求，适应时代发展，不断进行改革和深化。

在微时代环境下，海量的信息资源、复杂多变的生活情境和快速的交流机制为大学生的道德教育带来了机遇和挑战。首先，道德教育的主客体关系发生了变化。在微平台中，所有教育主体都是普通用户，拥有同等的信息身份，道德关系从单向的指令式转变为更加民主平等的互动。教育者需要适应这种变化，尊重、信任、理解并接纳大学生，引导他们的道德自觉不断发展。其次，在微生态场域中，道德文化的冲突、道德价值的交锋、道德情境的变化构成了复杂多变的德育环境，社会信息化和文化多元化的深刻变革要求德育内容也随之更新。最后，在微时代背景下，大学生的主动性和能动性得到了进一步的激发，道德自我由被动接受的角色转变为主动探索的角色。在道德教育过程中，应重视大学生自我判断、自我抉择、自主意识的发展，通过对话沟通、交流劝导、服务体验、教育感化等形式，促进大学生的道德自觉的生成。

总之，道德自觉的理念呼吁道德教育深化对时代的探索，增强德育的有效性和时效性，以适应快速变化的社会环境和满足大学生的道德发展需求。

3. 社会持续进步的需要

道德是人类社会的特有现象，就其本质而言，它是一种特殊的、相对独立的社会意识形态。道德产生于人的社会实践活动，人的道德水平和思想觉悟受社会经济基础的制约，但同时也反映出社会经济文化的变迁和发展；道德在促进个人自觉发展的同时，也促进社会的和谐，是维系社会的重要力量。道德自觉的研究，立足于道德个体和现实生活，有利于推动个人道德的完善和发展；同时，我们必须以整体性视域来审视道德个体，社会道德是个人道德的有机整合，结合时代特征，总结归纳个人道德的生成发展规律，有利于窥视整个社会道德的秩序、现状，对道德发展问题做出及时的应对，是社会持续进步的战略需要。

微时代环境下，随着物质生产的空前发展，我们面临着社会诚信缺失、贫富差距拉大、生态环境恶化等一系列危机。解决这些社会问题就需要统一个人道德和社会道德，解决个人与他人、与社会、与自然的利益诉求矛盾，并正确处理人的物质生活需求和精神生活需要的对立等问题，这些都与道德自觉研究相关。道德自觉是一种精神生产力，通过培育个人道德自觉，可以促进个人对社会道德规范的遵守，推动人们追求个人素养和美好生活，以凝聚价值共识，塑造共同的道德价值追求，维护社会整体利益并改善社会环境和生态文明。道德自觉协调了个人与社会发展、政治文明、生态自然的关系，是道德个体与社会思潮的紧密结合，是人类物质生活和道德精神文明建设的有机统一，能够促进社会的全面持续发展。

二、微时代大学生网络道德教育

（一）微时代大学生网络道德教育的必要性

1. 应对网络道德挑战

在微时代，信息传播的速度和范围达到了前所未有的高度。网络空间成为各种思想、文化和价值观交融的平台，其中不乏不良信息和价值观的渗透。大学生作为网络活动的主要参与者，其心理尚未成熟，辨别能力有限，容易在繁杂的网络信息中迷失方向，受到不良信息的误导，从而产生道德困惑和道德失范行为。因此，加强网络道德教育，帮助大学生树立正确的网络道德观念，增强他们的道德判断力和选择能力，显得尤为重要。这不仅是保障大学生个人健康发展的需要，也是维护网络空间秩序、构建和谐网络社会的必然要求。

2. 培养高素质人才

大学生是国家未来的栋梁之材，他们的道德素质和网络素养直接关系到国家的网络文明和社会稳定。随着网络技术的快速发展，网络已经成为人们获取信息、交流思想、表达情感的重要渠道。如果大学生缺乏网络道德意识，不仅会影响他们自身的成长和发展，还会对整个社会的网络文明产生负面影响。因此，加强网络道德教育，培养具有高尚道德品质和良好网络素养的大学生，对于提高国家整体网络文明水平、推动社会进步具有重要意义。通过教育引导大学生树立正确的网络道德观念和行为规范，可以使他们成为网络空间的积极参与者和建设者，为构建和谐网络社会贡献自己的力量。

（二）微时代大学生网络道德教育的内容

1. 网络道德观念教育

在网络道德观念教育方面，我们首先要教育大学生尊重网络空间的秩序和安全。网络空间虽然虚拟，但同样需要遵守一定的规则和秩序。大学生应该尊重他人的隐私和权利，不侵犯他人的合法权益；不散播谣言和恶意信息，不参与网络暴力等不良行为；不利用网络进行违法犯罪活动。同时，我们还要引导大学生树立正确的网络价值观，追求健康、文明、向上的网络文化，使他们更加自觉地遵守网络道德规范，成为网络空间的文明使者。

2. 网络行为规范教育

在网络行为规范教育方面，我们要教育大学生遵守网络空间的规则和礼仪。网络空间虽然自由开放，但同样需要遵守一定的规则和礼仪。大学生应该尊重他人，不使用暴力和恶意软件；不滥用聊天室和论坛等社交媒体平台，不发表不当言论或攻击性言论；不利用网络进行违法犯罪活动。同时，我们还要培养大学生的自律意识和责任意识，使他们在网络空间中能够自觉遵守道德规范，维护网络空间的秩序和安全。通过教育引导大学生遵守网络行为规范，可以使他们更加自觉地维护网络空间的和谐稳定。

3. 信息素养教育

在信息素养教育方面，我们要教育大学生正确地获取、分析和处理网络信息。网络信息繁杂多样，大学生应该具备辨别信息真伪的能力，不盲目相信未经证实的信息；同时，他们还应该注意保护个人信息安全，不随意泄露个人信息；不随意传播未经核实的消息，避免造成不良影响。此外，我们还要提高大学生的信息安全意识，教育他们如何保护自己的网络安全，防范网络攻击风险。通过信息素养教育，大学生可以更加理性地看待网络信息，提高自我保护能力。

（三）微时代大学生网络道德教育内容体系建构

思想政治教育目标和内容是思想政治教育本质的体现，也是其成功的关键先决条件之一。道德，作为由人的内心信念、传统习惯和社会舆论共同维系的价值观念、心理活动以及行为规范的总和，其影响力的大小和深远程度，在很大程度上取决于它是否能被个体所认同，进而将这些价值观念内化为个人的信念、意念、信仰，并转化为自觉和实际的行动。只有当思想道德真正转化为个体的自觉行为时，思想道德教育的目的才能真正实现。

深入研究微时代大学生网络道德教育内容体系的构建，对于加强这一时期的网络道德教育具有极为重要的意义。针对微时代各种"微媒体"所呈现出的新特点和新问题，高校必须与时俱进，不断创新网络道德教育的内容构建方式，有效地引导大学生的思想和行为，促进他们形成符合社会规范的价值观念，并将其内化为个人的信念和行动，从而提高微时代大学生网络道德教育的针对性和实效性。

1. 网络道德教育内容体系建构的目的

思想是行为的先导。教育内容是教育思想的载体，是做好教育工作的关键。大学生网络道德教育内容是大学生网络道德教育本质的体现，是做好大学生网络道德教育的根本。因此，建构科学和有效的网络道德教育内容，是大学生网络道德教育成功的关键。

(1) 培养大学生高尚的网络文明素养。在数字化浪潮席卷全球的今天，大学生网络道德教育内容体系的构建显得尤为重要。这一体系的首要目标，即在于培养大学生高尚的网络文明素养。随着新媒体技术的迅猛发展，网络、微博、微信等已成为大学生生活与学习的必需品，它们为青年学生带来了便捷与快乐，但同时也带来了一系列道德文明悖论。

网络文明，作为新媒体时代的产物，其本质是人、网络、信息三者相互作用的结果，它展现了人类新的活动方式、思维方式和生活方式。在微时代背景下，大学生的网络文明素养，不仅是他们在虚拟社会实践中必须遵循的伦理道德准则和规范，更是他们作为未来社会建设者的必备素质。

高尚的网络文明素养，既体现在青年大学生在新媒体实践中所展现的伦理道德上，也体现在他们符合规范的网络行为上。这意味着，在新媒体实践中，大学生应当具备明辨是非、不轻信谣言的辩证思维，提高警惕、不放任自流、不沉溺其中的自律意识。同时，他们还应保持真诚、不撒谎，履行责任、不妄言，遵守协议、不侵权等道德准则。

因此，构建大学生网络道德教育内容体系，不仅是时代发展的需要，更是培养未来社会栋梁的必然要求。通过这一体系的建设，我们将培育出一批具备高尚网络文明素养的大学生，为构建健康向上的网络环境贡献力量。

(2) 培养大学生健康的网络心理素质。在数字化时代，大学生网络道德教育内容体系的构建，旨在提升大学生对新媒体的认知，塑造健康的使用动机，同时培养他们健康的心理素质，以支持其全面发展。新媒体以其快捷、及时的信息获取和发布特点，深刻地影响着大学生的日常生活和学习方式。

这些年轻的大学生群体，自幼便与智能手机、平板电脑等智能设备相伴，他们在大学期间拥有更多的自由时间，因此常常通过移动智能终端沉浸在微博、微信等社交平台，即时地接收和分享各种信息。然而，长时间暴露于大量碎片化信息中，可能导致个体感受力下降、思维活动受限，甚至会产生心理压力和认知障碍。

面对新媒体上纷繁复杂、价值观多元的信息，大学生在缺乏足够分辨力和正确引导的情况下，容易陷入价值取向和道德认知的混乱。价值多元可能导致他们的是非观念模糊，难以辨别虚假与真实，进而产生认知偏差。

因此，高校思政教育工作者在构建网络道德教育体系时，应充分利用微博、微信等新媒体平台，发布和转发有助于学生正确认知的内容，引导他们遵循"有益"和"健康"的原则，增强是非判断力。通过正面的引导和干预，帮助学生形成健康的网络使用习惯，提高信息筛选和鉴别能力，从而在复杂多变的新媒体环境中保持清醒的头脑和正确的道德观念。

（3）培养大学生自觉的网络安全意识。网络安全与国家安全紧密相连，信息化则是现代化的重要支撑。在当前网络迅猛发展的时代背景下，青年学生作为新媒体使用的主力军，其网络安全意识的培养显得尤为重要。西方国家凭借其强大的网络和信息技术优势，试图通过微博、微信等微媒体平台向全世界传播其政治文化、道德标准和价值观念，进行政治渗透，这无疑给青年学生的思想带来了严峻的挑战。

面对微媒体中充斥的多元价值观念、"极端个人主义"和"普世价值"等思潮，青年学生由于理性选择和正确判断能力的不足，极易受到蛊惑和蒙骗。对正在形成世界观、人生观、价值观的青年学生来说，这种影响可能导致他们对中国特色社会主义的正确道路产生困惑，对我国主流意识形态的认同感产生动摇。因此，德育工作者应当肩负起强化网络安全教育的重任。一方面，要加强对青年学生的社会主义意识形态教育，帮助他们树立坚定的理想信念，增强对中国特色社会主义的认同感和归属感。另一方面，要培养青年学生的理性选择和正确判断能力，使他们在复杂多变的信息环境中保持清醒的头脑，正确分辨是非真伪。

同时，思政教育工作者还要充分利用微媒体平台，弘扬主旋律，传递正能量。通过图文并茂、生动有趣的形式，加强对大学生政治价值认同的引导。此外，德育工作者还应增强网络安全意识，加强网络安全管理，及时清理和打击微媒体空间中的虚假、恐怖、暴力等不良信息，为青年学生营造一个健康、清朗的网络环境。

总之，强化网络安全教育，筑牢青年学生思想防线，是当前德育工作的重要任务。只有不断提高青年学生的网络安全意识和能力，才能确保他们在网络时代健康成长，为国家的繁荣稳定贡献力量。

（4）培养大学生良好的网络伦理意识。微媒介空间是虚拟的，但伦理道德不能悬置。微博、微信等微媒体尽管展现的是虚拟的网络空间，但就其本质而言，它依然是人们交流感情、表达情感的场域，是人们互动交流的新平台。伦理道德是人们用来调节人与人之间关系的基本原则。必须承认伦理道德对整个社会生活的维持和调节人们关系的重要意义，所有的公共空间包括虚拟的网络空间，有人存在或交流的地方就需要有道德规范和道德要求的存在。高校思政教育工作者非常有必要让受教育者对此有所认识，帮助他们形成良好的网络伦理意识，在虚拟空间中也要有社会责任感。

网络等虚拟空间的伦理道德虽然是与现实伦理道德既有联系又有区别的一种新型道德，但网络伦理道德依然扎根于现实社会，因而网络伦理道德教育内容来源于现实社会生活，根植于现实社会，但又应高于现实生活。青年大学生只有对网络伦理道德及其特点有较深刻的认识和把握，才能有助于他们自身网络伦理道德的"价值内化"，才能促进他们自身的网络伦理道德外化。因此，要教会学生在微时代学会理解和包容，学会选择和抉择，激扬他们对是非、正误、美丑的道德判断力，提高青年大学生的道德判断能力。

2. 网络道德教育内容体系建构的原则

大学生网络道德教育内容的建构，是一个值得深入研究的问题，其中一些基本原则是必须坚守的。思想政治教育内容应遵循"整体性""层次性""目的性"和"重点性"等原则。据此，微时代大学生网络道德教育内容的确定，除了考虑德育目的、层次、对象等因素外，还应重点遵循以下四个原则。

（1）引导性原则。在微时代，高校网络道德教育内容体系的构建，必须紧密围绕提高大学生思想道德素质这一核心目标。作为社会主义合格建设者和可靠接班人的培养基地，高校教育承载着党和政府的厚望，网络道德教育更是其中不可或缺的一环。

网络道德教育内容的引导性影响，是其独特的教育价值所在。要使大学生的网络道德素质得到全面提升，教育内容必须注重思想性、教育性、生活化、趣味性和正向性。这意味着，高校网络道德教育不仅要传授道德知识，更要引导大学生形成正确的人生观、价值观和道德观。

为实现这一目标，网络道德教育内容必须体现鲜明的社会主义方向性。在微媒体时代，网络空间成为信息传播的重要阵地，我们必须用社会主义思想去占领这一阵地，用中国特色社会主义的最新成果去影响和感染青年大学生。通过适合青年大学生的方式，将社会主义核心价值观融入网络道德教育中，让大学生在潜移默化中接受并认同这些价值观念。

同时，网络德育内容必须注重教育内容的正确引导性。在构建网络道德教育内容时，我们要坚持政治性和思想性，弘扬主旋律，传播正能量。不能让不道德思想、非无产阶级思想或资本主义思想、政治、价值观念侵入我国的微博、微信等微媒体的虚拟空间，对青年大学生造成负面影响。

（2）系统性原则。微时代高校网络道德教育内容系统，既指它是高校德育系统的一部分，也指它本身是多因素、多元素构成的系统。在实施教育内容时，必须使思想政治教育内容系统各要素协同作用，使教育内容成为具有良好功能的系统。当今高校的受教育者即大学生既有典型的共性特征，也有极其鲜明的个性特征，微时代的网络道德教育对象更是多样而复杂。网络道德教育内容的系统性一方面要求网络道德教育内容应全面而真实，要有广泛的代表性、适合性；另一方面，针对教育对象的人本身的复杂特性，往往是一次教育或一个教育要素，不可能一下子解决大学生全部的或复杂的思想问题，"立竿见影"的特殊效果极为少见。微时代的教育工作者要有效地解决大学生复杂的思想道德问题，为了全面提高思想道德素质教育，就要使用各种内容要素。微时代的大学生网络道德教育内容应是互相联系的有机整体，是高校思想政治教育内容系统的重要组成，又是其重要补充。因此，在大学生网络道德教育中，要注意保持线上与线下德育内容的联系，显性和隐性的德育内容结合，注重教育内容的系统性和保持教育指导的一致性。另外，大学生网络道德教育内容还需结合微时代的特点和大学生的实际，进行相关内容的重点选用和精心安排。

（3）主体性原则。建构大学生网络道德教育时，要突出教育内容的针对性和特殊性，突出教育的对象性，必须坚持教育的主体性。网络道德教育的主体性原则是指网络道德教育要结合微媒介特性和年轻大学生的思想实际，既积极主动地适应受教育者的发展需要，尊重、理解青年学生，与他们平等相处，又要主动引导大学生。当今的大学生，生活和成长在信息网络时代，他们具有史无前例的发展机遇，也使他们面临诸多的现实挑战。以网络空间或微媒体传播中的大量信息为例，既有大量积极正向的信息，也有部分真假难辨的内容，更有屡禁不绝的虚假信息或敌对信息，这就使青年大学生思想困扰和成长疑问比以往任何时候都多。对此，教育者必须牢牢占领网络空间主阵地，在构建网络道德教育内容时，只有结合和体现青年学生的思想实际、现实生活和时代发展，网络道德教育才能做到有的放矢，收到成效。

微时代高校德育的对象是实实在在的人，他们不是简单的"符号人"，微平台也不是简单的工具。贴近青年学生和贴近现实生活就是要以青年大学生为本，要一切为了青年大学生，一切适应青年大学生的精神，要对社会主流网络和高校微媒体进行优化。高校网络德育应符合青年学生的特性，体现"以人为本"的精神，遵循青年学生身心发展的特点和德育发展规律，努力创造或选择有利的因素，避开或排除有害的因素。

（4）发展性原则。在微时代的大背景下，高校德育目标和网络道德教育内容的构建，必须紧跟时代步伐，体现时代性、发展性和历史性。教育者作为这一过程中的关键角色，应不断更新教育观念，创新教育内容，以满足青年学生日益增长的信息需求。

马克思主义理论教育作为高校德育的重要内容，其生命力在于与时俱进。教育者应摒弃教条主义，坚持实事求是的原则，将马克思主义的基本原理与中国的实际相结合，与中国的历史和文化传统相融合，与学生的现实生活与学业实际相贯通。只有这样，马克思主义理论教育才能保持生机和活力，教育内容才能随着时代的推移、社会条件的变化以及学生生活的变化而不断发展。

同时，教育者应充分认识到，在微媒体时代，青年学生获取信息的渠道和速度远超以往。微博、微信等微媒体或其他即时通信工具的普及，使青年学生获取信息的方式更加多样和便捷。因此，教育者必须以发展的眼光看待学生，以发展的眼光去准备网络道德教育内容。教育者不能固守传统，而应积极学习新知识、新技术，不断丰富和更新教育内容，以更好地适应学生的需求和时代的发展。

构建微时代高校网络道德教育新体系，需要教育者具备开放的心态和创新的精神，才能确保高校德育工作的时效性和有效性，为培养德、智、体、美、劳全面发展的社会主义建设者和接班人奠定坚实的基础。

第三节　微时代大学生网络舆情的思想政治教育引导

"网络作为开放性的交往平台，给人们的信息生产、供给、获取和传播提供了便捷的条件，人们在网络空间的各种信息传播和意见表达汇合成社会舆论。如何在这一开放的空间实现舆论正能量的聚合，不仅是国家网络治理的客观要求，而且是人们实现健康文明交往的内在需要。"[①]

一、高校网络舆情

在探讨高校网络舆情的思政教育引导工作时，须对"高校网络舆情"这一概念进行准确界定。"高校网络舆情"是舆情研究领域中一个特定子集，它在活动场域、技术应用和内容表达上均具有其独特性。该概念的形成是互联网时代舆情形态演变的结果，其在高校这一特定社会群体中的进一步发展，体现了舆情研究的深化与细化。

活动场域的限定体现在高校网络舆情主要发生在高等教育机构内部，涉及学生、教职工以及利益相关者。技术应用的限定则表现在网络技术，尤其是社交媒体和即时通信工具的广泛应用，这些技术为信息的快速传播和交流提供了平台。活动内容的限定则关注于高校网络环境中形成的观点、态度和情绪，这些内容往往与教育、学术、社会问题等相关联。

（一）高校网络舆情的相关界定

1. 舆情的概念界定

舆情，作为社会科学领域中的一个重要概念，指的是在特定社会环境中，公众对于某一事件或议题所表达出的观点、态度和情绪的集合。这一概念的形成与发展，与信息传播技术的进步和社会结构的变迁紧密相关。

舆情的分析与研究，不仅关注公众意见的表达，更注重这些意见背后的社会

---

① 曹劲松.网络传播中舆论正能量的聚合与引导[J].阅江学刊,2024,16(2):17.

心理、价值观念和行为动机。在现代社会，舆情的形成和传播受到多种因素的影响，包括但不限于媒体的报道、社交网络的讨论、公共政策的制定等。

舆情研究的核心，在于对公众意见的系统性收集、分析和解释。通过对舆情的深入理解，可以揭示社会群体的态度和需求，为政策制定和社会管理提供参考。同时，舆情的引导和管理也是现代社会治理的重要组成部分，通过有效的舆情引导，可以促进社会共识的形成，维护社会稳定和谐。

在舆情研究的方法论上，学者们采用了多种定量和定性研究方法，包括调查问卷、内容分析、话语分析等，以期获得全面、深入的舆情信息。此外，随着大数据技术的发展，舆情分析也开始融入数据挖掘、文本分析等技术手段，以提高研究的效率和准确性。

2. 网络舆情的概念界定

随着经济水平的快速提升和网络信息技术的迅猛发展，人们的生活发生了翻天覆地的变化，互联网走进了千家万户，越来越多的人加入了网民行列。随着网民队伍的逐渐壮大，舆情发生的场所也从现实生活转移到网络平台，"网络舆情"应运而生。网络舆情作为社会舆情的一个重要组成部分，其本质与"舆情"相似，即民众的社会政治态度。许多学者把舆情在互联网空间的延伸视为网络舆情，但其实同传统舆情相比，网络舆情不仅在传播空间和载体上呈现差异，其影响力和塑型社会的能力也更大。

随着一次次更新换代的完成，大众进入了"微时代"，"两微一端"的格局逐渐形成。微博、微信和新闻客户端逐渐成为人们日常生活中不可或缺的一部分，通过分析这些 App 不难发现，网民借助这些微媒介平台在短时间内能够实现信息共享，为舆情的产生与演化提供条件。基于以上研究，此处将网络舆情界定为：网络受众借助互联网平台，就与自身利益密切相关的社会公共事务和热点问题所表达的情绪、认知、态度的集合。

3. 高校网络舆情的概念界定

高校网络舆情，作为舆情研究领域中的一个特殊分支，其研究对象主要聚焦于高等教育机构内的网络信息传播与公众情绪表达。这一现象的分析与理解，对于把握学生群体的思想动态、价值观念和行为模式具有重要意义。

在网络环境下，高校舆情的形成与传播具有速度快、范围广、影响力大等特点。网络技术的发展，尤其是社交媒体的普及，为信息的快速传播提供了便利条件，同时也为舆情的监测与分析带来了挑战。高校网络舆情的引导与管理，需要综合运用多种方法和技术，包括但不限于内容分析、情感分析、网络行为分析等。

高校在网络舆情的引导工作中，应注重四个方面：第一，加强对网络信息的监测与分析，及时捕捉学生群体的思想动态和情绪变化，为教育引导提供决策依据。第二，构建开放、互动的网络交流平台，鼓励学生表达意见，同时提供正确的价值引导，促进学生思想的健康发展。第三，培养专业的网络舆情分析与应对团队，提高对网络舆情的敏感度和应对能力，有效预防和化解网络舆情风险。第四，高校网络舆情的引导还应与思想政治教育相结合，通过教育引导帮助学生树立正确的世界观、人生观和价值观。通过这些措施，可以有效地引导和塑造高校网络舆情，促进校园文化的健康发展，为学生的全面成长提供良好的网络环境。

（二）高校网络舆情基本特征

高校网络舆情作为网络舆情的重要组成部分，在其形成和发展过程中，既呈现出网络舆情的一般特征，又具有自身独特性。而舆情传播媒介向微媒介的转变，也使高校网络舆情的发端、扩散、高潮以及衰减呈现出新特征。

1. 主体的群体同质性

高校大学生由于闲暇时间较多且热衷于追求新事物，因此成为我国网民群体的主力军。高校网络舆情的行为主体主要是与高校利益休戚相关的在校师生，而大学生是这一行为主体的核心群体，他们在接收、传播和发表网络舆情时呈现出群体特征和同质性。大学生群体在生理年龄、教育水平、生活环境、价值观念等多方面较为相似，这就使该群体内部关系更加紧密，容易对特定事物持一致态度，在参与网络活动时的表现形式和行为方式也呈现出同质化倾向。在虚拟的网络空间里，大学生群体内部更易形成"群体极化效应"，大家出于兴趣和需求自主选择加入某一志同道合的网络团体，进而在其中找到认同感和归属感。大学生这一特殊群体作为新生代网民，既热衷于在"两微一抖"的微媒介平台上发表意见和看法，又容易对某一话题产生共鸣，这就使个人观点逐渐演变为群体观点，最终形成舆论效果。

2. 载体的种类多元性

在传统大众媒体时代，信息传播主要依赖电视、广播和报纸期刊等物理媒介，形成了一种以"人对人""人对群体"为特征的单向传播模式。在这种模式下，信息的发布经过"把关人"的筛选，受众的角色主要局限于信息的接收，难以有效反馈个人意愿，导致整个传播过程的互动性不足，缺乏便利性。

然而，随着微时代的到来，信息传播方式经历了显著的变革，由单向传播向双向互动转变。高校网络舆情的传播载体也随之发展，将主战场转移到了以微博、微信和新闻客户端为代表的微媒介平台。微博和微信以其每日产生的大量数据信息，成为我国最大的两个舆论场，而新闻客户端则作为传统媒体在微时代的新形态，其数量和种类同样不容忽视。

这种多元化的传播载体为网络舆情的发端和扩散提供了平台，同时也给高校网络舆情管理部门和研究者带来了新的挑战。他们需要适应这种新的传播环境，加强对微媒介平台的监测与分析，以准确把握舆情动态。此外，还需提高对网络舆情的敏感度和应对能力，有效预防和化解可能出现的风险。

高校网络舆情管理部门应采取积极措施，包括构建开放、互动的网络交流平台，鼓励学生表达意见，同时提供正确的价值引导；培养专业的网络舆情分析与应对团队，提高对网络舆情的监测、分析和引导能力；加强与学生的沟通交流，及时回应学生关心的内容和问题，促进学生思想的健康发展。

通过这些措施，高校可以更好地适应微时代的信息传播特点，有效引导和管理网络舆情，为构建和谐校园、促进学生全面发展提供有力支持。同时，这也有助于提升高校网络舆情研究的深度和广度，为舆情研究领域的发展做出贡献。

3. 内容的分散多样性

高校网络舆情事件内容的分散多样性是其显著特征之一，这一现象反映了网络舆情与现实社会事件的紧密联系。在微时代，信息传播的即时性和广泛性使得高校网络舆情事件的话题覆盖了从宏观的国家发展利益、政治经济议题，到微观的日常生活细节、娱乐事件等各个层面。这种内容上的广泛性和多元性，使网络舆情能够全面反映社会公众的情绪和态度。

网络舆情的这种分散多样性，为高校网络舆情管理部门和研究者提供了丰富的研究素材，同时也带来了挑战。一方面，需要对不同领域、不同来源的舆情信息进行系统的收集和分析，以便准确把握舆情的发展趋势和特点；另一方面，需要提高对舆情信息的敏感度和判断力，及时识别和应对可能的风险。

为了有效应对这种分散多样性带来的挑战，高校网络舆情管理部门应采取以下措施：首先，建立和完善网络舆情监测体系，利用先进的信息技术手段，实现对网络舆情信息的全面收集和实时监测；其次，加强对舆情信息的分类和分析，根据不同领域和主题，对舆情信息进行归类和深入研究，以便更好地理解舆情背后的社会心理和价值观念；最后，提高舆情应对的灵活性和针对性，根据不同舆情的特点和影响，制定差异化的引导和管理策略。

此外，高校还应加强与学生的沟通和交流，鼓励学生积极参与网络舆情的讨论和表达，同时提供正确的价值引导，帮助学生形成理性、客观的判断力。通过这些措施，高校可以更好地应对网络舆情的分散多样性，促进网络环境的健康发展，为学生的全面成长提供良好的网络氛围。

高校网络舆情事件内容的分散多样性既是网络舆情研究的重要资源，也是网络舆情管理的重要挑战。通过科学的研究方法和有效的管理策略，可以充分发挥网络舆情在反映社会情绪、促进社会沟通方面的积极作用。

4. 舆情扩散的非理性

在微时代背景下，微媒介平台如微博、微信、微视频等，以其传播的即时性和互动性，构成了一种新的话语体系。这种体系的自由性在加速信息传播的同时，也可能导致舆情扩散的非理性和难以控制的特点。舆情的非理性扩散，是传播主体非理性行为与传播过程中情绪化倾向相互作用的结果。

在某些社会事件发生时，可能会引发大学生网民的不满情绪。由于他们的价值观尚未完全形成，容易受到从众心理的影响，情绪调控能力相对较弱，对事件的真相也可能缺乏全面了解。在这种情况下，他们可能会将微媒介平台作为情绪发泄的渠道，表达出非理性的态度和意见，导致过激言论和行为的出现，最终可能产生负面影响。

为了有效应对舆情扩散的非理性现象，高校网络舆情管理部门和研究者需要采取积极措施。具体措施如下。

（1）加强对微媒介平台的监测和分析，及时发现和识别非理性舆情的苗头和趋势。

（2）提高大学生网民的媒介素养和批判性思维能力，帮助他们理性地看待网络信息，避免盲目从众和情绪化反应。

（3）加强与学生的沟通和交流，及时回应他们的关切和诉求，引导他们通过合理渠道表达意见和解决问题。

（4）加强网络舆情的正面引导，通过发布权威、客观的信息，引导大学生网民形成正确的价值观和判断力。

（5）培养专业的网络舆情分析和应对团队，提高对非理性舆情的识别、预警和应对能力，有效预防和化解潜在风险。

通过这些措施，高校可以更好地应对舆情扩散的非理性现象，维护校园的和谐稳定，促进大学生网民的健康成长。同时，这也有助于构建一个理性、健康的网络环境，为社会和谐发展做出贡献。

（三）高校网络舆情基本类型

1. 高校内生型

在高等教育机构中，内生型网络舆情的产生与高校内部的教育体系紧密相关，与学校微观主体，如教师、学生等的利益密切相关。此类舆情往往源于学生群体的利益诉求，易于在学生之间形成共鸣，进而可能发展成为具有一定规模和倾向性的网络现象。

（1）学校管理类。高校师生作为学校的核心组成部分，其利益受到学校决策、规章制度和校园建设等多重因素的影响。高校管理的合理性直接关系到校园环境的和谐与稳定。因此，高校管理问题引发的网络舆情，成为师生广泛关注的焦点之一。高校管理层需审慎制定决策，确保规章制度的公正性与透明性，以及校园建设的合理规划，从而维护师生利益，促进校园环境的和谐发展。

在师德师风方面，教师作为知识传递与道德引领者，承担着培养人才的重要职责。师德师风不仅是衡量教师职业素质的重要标准，也是影响学生价值观和行为模式的关键因素。高尚的师德能够激发学生的学习热情，促进其全面发展；而师德的缺失则可能会对学生产生负面影响，甚至损害教育的公正性和权威性。因此，高校在师德建设上需不断加强，通过建立和完善师德教育、监督和评价体系，提高教师队伍的整体素质，为学生营造一个健康、积极的学习环境。

（2）学生权益类。学生作为高校中最为庞大的群体，其权益的维护不仅关系到个体的全面发展，也是社会公平正义的重要体现。当学生权益受到侵害时，所引发的网络舆情往往迅速成为社会关注的焦点，可能在短时间内演变成高校网络舆情危机的触发因素。

高校在处理学生权益类网络舆情时，应采取积极的态度，及时响应学生诉求，公正处理相关事件，并通过透明和开放的沟通机制，增强学生和社会的信任。此外，高校还需加强内部管理，确保教育机会的公平分配，建立和完善权益保护机制，为学生创造一个公平、公正的学习和发展环境。通过这些措施，不仅能够缓解网络舆情带来的压力，还能够促进高校和社会的和谐发展。

（3）个人行为类。在高等教育环境中，个人行为类网络舆情通常源于学生或教职工的个体行为。学术界强调，个人行为应与高校的教育理念和价值观相一致，以促进校园文化的健康发展。高校有责任通过教育和引导，培养学生的社会责任感和道德判断力；同时对教职工的行为进行规范，确保其符合职业道德标准。此外，高校应建立有效的监督机制，对违反规范的个人行为及时进行纠正，并公开透明地处理相关事件，以维护教育公平和社会正义。

在处理个人行为类网络舆情时，高校需采取积极措施，包括加强道德教育，明确行为规范，以及提高师生对个人行为后果的认识。通过这些措施，可以预防不当行为的发生，减少网络舆情的负面影响，同时提升高校的社会责任感和公信力。高校还应鼓励师生进行自我反思和自我提升，以形成积极向上的校园文化氛围，为学生和社会培养出具有良好道德品质的人才。

（4）安全事故类。在高等教育机构中，安全事故类网络舆情通常涉及校园内的安全事件，这些事件可能包括意外伤害和其他紧急情况。这类事件对师生的身心健康和校园的稳定运行构成了潜在威胁，因而成为社会和学术界关注的焦点。

高校在安全管理方面应采取预防为主、综合治理的策略。具体内容如下。

第一，建立健全的安全管理体系，包括制定详尽的安全规章制度、进行定期的安全教育和培训，以及开展应急演练，以提高师生的安全意识和自我保护能力。

第二，加强校园安全设施建设，如安装监控设备、设置紧急报警系统等，以实现对校园环境的实时监控和快速响应。

第三，构建开放的信息沟通渠道，确保在安全事故发生时，能够及时、准确地向师生和社会公众通报情况，并采取有效措施控制和缓解舆情。

第四，高校与政府、社区及其他教育机构合作，共同构建校园安全防护网，形成全社会共同参与的安全管理格局。

通过这些措施，高校不仅能够有效预防和减少安全事故的发生，还能够在事故发生后迅速采取措施，保护师生安全，维护校园稳定，进而在社会中树立起高校负责任、高效管理的良好形象。这种积极的安全管理实践，对于提升高校的教育质量和学术声誉，具有重要的参考价值。

2. 校外输入型

在高等教育环境中，大学生作为社会成员的一部分，对外部社会事件具有天然的敏感性和关注度。这些事件通过日常网络活动传入高校，迅速引发学生群体的广泛关注，并可能形成具有一定规模和倾向性的高校网络舆情。由于这些事件在进入高校之前已经形成了初步的舆论规模和倾向，加之高校管理者可能对此类事件持一种相对被动的态度，未能及时介入和引导，使这类网络舆情在高校内部的传播更加自由，从而对正处于价值观形成期的青年大学生产生深远的影响。

社会热点事件，因其与公众生活密切相关，容易激发大学生的强烈情绪和参与热情。大学生在网络舆情的传播和讨论中，不仅能够表达自己的观点和立场，也在一定程度上推动了社会问题的解决和公共议题的深入探讨。此外，娱乐事件以其轻松愉快的特性，同样能够吸引大学生的注意力，成为他们日常生活的一部分。

国际国内时政作为影响国家发展和个人生活的重要因素，对具有较高文化素养和社会责任感的高校学生来说，具有特别的意义。他们对经济、政治、文化等方面的问题表现出浓厚的兴趣，如经济领域的重大事件、政治领域的颁奖典礼等，都能引起他们的广泛关注。这种关注不仅体现了大学生对国家和民族发展的关心，也激发了他们的爱国热情，促使他们更加积极地参与到政治生活中，增强民族意识和爱国主义情感。

高校在面对由外部社会事件引发的网络舆情时，应采取积极的态度和措施，通过教育引导和信息沟通，帮助学生正确理解和分析社会现象，培养他们独立思考和批判性思维的能力。同时，高校还应鼓励学生积极参与社会公共事务，通过网络平台发表建设性意见，为社会问题的解决贡献智慧和力量。通过这些方式，高校不仅能够为学生提供一个健康、积极的网络环境，也能够促进他们成长为具有社会责任感和历史使命感的新时代青年。

二、微时代高校网络舆情思政教育引导的理论及功能

微时代高校网络舆情思政教育引导研究以马克思主义为根本遵循，在网络思想政治教育理论和习近平总书记相关重要论述中汲取主要观点，同时借鉴媒体传播理论完善引导机制，为微时代高校网络舆情思政教育引导研究提供丰富的理论支撑。探究网络舆情视角下高校思想政治教育引导活动中所蕴含的育人功能、导向功能和维稳功能，为有效助力现实舆情引导中发挥思政功能奠定基础。

（一）微时代高校网络舆情思政教育引导的理论

随着信息技术的快速发展，网络已成为大学生获取信息、交流思想的主要渠道，网络舆情对大学生的思想观念和价值取向产生了深刻影响。因此，高校需要在这一背景下，探索适应时代发展的思政教育引导策略。

1. 网络舆论的引导

互联网的迅猛发展，不仅影响着人们的生活，也深刻改变着舆论生态。舆论引导作为党在意识形态领域的一项重要工作，是关系我国社会稳定和政治安全的关键因素。高度重视我国新闻舆论引导工作，应把网上舆论工作摆在更高的位置上，围绕"为何引导、谁来引导、怎么引导"展开讨论。

（1）"为何引导"指明了党和国家高度重视网络舆论引导工作的背景和原因。在当前社会转型和信息化快速发展的背景下，网络舆论引导工作的重要性日益凸显。随着社会主要矛盾的转变，公众的价值需求逐渐从物质层面向精神层面转移，对民主、法治、公平、正义以及环境等方面的"软需求"日益增长。公众对于在公共空间表达情绪和意见的需求越发迫切。

互联网的快速发展，尤其是自1994年中国接入互联网以来，网络信息技术的迅猛发展，为舆论引导工作提供了新的平台和方式。当前，我国互联网的发展

与治理取得了显著成就，从网络大国向网络强国转变。微时代的到来，各类微媒介平台的兴起，为信息传播提供了新的渠道。在这一背景下，管好用好互联网，成为新形势下掌控新闻舆论阵地的关键。互联网作为舆情发端、扩散和爆发的主要载体，是党和国家掌握新闻舆论领导权、引导舆论走向的重要阵地。因此，加强网络舆论引导工作，不仅是适应社会主要矛盾变化、满足公众精神需求的需要，也是应对社会转型过程中出现的问题、维护社会稳定和国家长治久安的需要。

网络舆论引导工作应坚持正确的政治方向，弘扬主旋律，传播正能量，引导公众树立正确的价值观念。同时，要注重发挥互联网的优势，利用大数据、人工智能等技术手段，提高舆论引导的针对性和有效性。此外，还需加强网络空间治理，规范网络传播秩序，营造清朗的网络环境，为公众提供真实、准确、全面的信息，引导舆论走向健康、理性、有序的发展方向。

（2）"谁来引导"指明了我国新闻舆论引导工作应坚持的根本原则和工作方向。在当代社会，新闻舆论引导工作的重要性日益凸显，其根本原则和工作方向必须明确。坚持党性原则是确保舆论引导工作正确性的关键。党性原则作为新闻舆论工作的根本原则，是马克思主义新闻观的核心特征之一，体现了党的领导在新闻舆论工作中的中心地位。

加强和改善党对新闻舆论工作的领导，是确保该工作顺利健康发展的基石。在中国特色社会主义事业的各个方面，坚持党的集中统一领导是不可或缺的，舆论引导工作亦不例外。新闻舆论作为上层建筑的重要组成部分，对人心向背、事业兴衰和社会稳定具有深远影响。一旦领导权失控，将无法从党和人民的立场出发进行有效的舆论引导，使不良舆论破坏团结，影响社会和谐稳定。

我国境内所有新闻媒体在思想和政治立场上必须同党中央保持高度一致。特别是党和政府主办的媒体，必须坚持"党媒姓党"的原则，积极宣传党的指导思想和方针政策，服务于党的各项事业。通过这种方式，媒体所发出的声音才能够真正符合最广大人民的根本利益，体现党的基本要求，为社会存在和发展服务。

在实践中，新闻媒体应承担起社会责任，通过准确、全面、客观的报道，引导公众理性看待问题，形成正确的价值判断。同时，媒体还应加强与公众的互动交流，倾听民意，反映民声，增强舆论引导的针对性和有效性。

此外，新闻媒体还应注重自身建设，提高新闻工作者的业务能力和职业素养，确保新闻报道的专业性和权威性。通过不断优化传播手段和内容，提升舆论引导的质量和效果，为构建和谐社会、推动社会主义现代化建设贡献力量。

（3）"怎么引导"指明了党和政府进行网络舆论引导工作的具体措施和主要方法。

第一，创新网络舆论引导的载体和语言。就网络舆论引导的载体而言，要打造出一批各具特点、技术先进、具有竞争力的新兴媒体并在此基础上推出向上向善、严肃活泼的网络节目。就网上舆论引导的语言而言，要以广大网民喜闻乐见的语言表达来弘扬社会正能量，以此拉近与网民之间的距离。

第二，把握好时、度、效，增强吸引力和感染力是进行舆论引导的关键环节。"时"就是指在社会事件发生后要及时、准确地发布官方信息，不给虚假谣言传播的时间和空间。"度"就是指在舆论引导的过程中要把握分寸，坚持正面宣传为主、坚持实事求是的原则。"效"就是指在"时"与"度"的前提下，通过解决实际社会问题来实现新闻舆论引导工作的效用。

第三，打造优秀的新闻舆论人才队伍。建设网络强国，没有一支优秀的人才队伍，没有人才创造力迸发、活力涌流，是难以成功的。做好舆论引导工作必须加强网络舆情管理的队伍建设，明确我们要一支什么样的新闻舆论宣传人才队伍，打造一批网络宣传的主力军。

2. 媒体传播的理论

高校网络舆情是舆情的一个重要内容，而舆情属于大众传播学的主要范畴，因此大众传播学的相关理论为"微时代"背景下高校网络舆情思政教育引导工作提供了重要的理论支撑。

（1）"意见领袖"理论。在社会传播学领域，"意见领袖"理论是一个关键概念，它描绘了在人际传播过程中具有一定话语权和影响力的个体。这些活跃分子通过主动产生和传播信息，对那些活跃度较低的受众产生显著影响。"意见领袖"的存在贯穿于政治、社会乃至文化的各个领域，其角色随着历史时期的变迁而发生相应的转变。

在古代社会，部落首长或家族首长因其社会地位和权威性，自然成为"意见领袖"，对社群成员的价值观和行为模式产生深远影响。进入近现代，随着大众传媒的兴起，知识分子、专家学者等精英群体逐渐成为新的"意见领袖"，他们通过媒体平台传播知识和见解，引导公众舆论。而在"微时代"，自媒体的兴起使信息传播更为广泛和迅速，那些在网络媒体、手机媒体等微媒介平台上活跃的个体，凭借信息优势或独到见解，成为新一代的"意见领袖"。

在网络社会中，"意见领袖"在舆情引导中扮演着多重角色。他们起初基于个人的知识素养和利益考量，对信息进行筛选和传播，成为舆情的源头。随着舆情的发展，各类"意见领袖"通过转发信息和发表评论，进一步推动舆情事件的发展，使之达到高潮。在整个舆情的产生、扩散、爆发乃至消退的过程中，"意见领袖"通过对议题设置和传播内容的操控，对舆论走向产生重要影响。

"意见领袖"的舆情引导功能，不仅体现在信息传播的广度和深度上，更在于其对公众认知和行为的塑造能力。他们通过提供信息解读、价值判断和行为示范，引导公众形成特定的观点和态度。因此，理解和分析"意见领袖"在网络舆情中的作用机制，对于优化舆论引导策略、构建和谐网络环境具有重要意义。同时，这也要求社会各界加强对"意见领袖"的正面引导和规范管理，确保其在传播正能量、促进社会进步中发挥积极作用。

（2）"沉默螺旋"理论与"反沉默螺旋"现象。"沉默螺旋"理论揭示了个体在社会交往中因对孤立的恐惧而倾向于与主流观点保持一致的心理现象。当个体发现自己的观点与主流观点相悖时，他们可能会选择沉默，避免表达不同意见，以免遭受社会排斥。这种心理机制导致主流意见在公共讨论中得到加强，而非主流意见则被边缘化，最终形成一种螺旋式的发展模式，使主流意见越发强大，而少数意见则逐渐消失。

在互联网时代，特别是自媒体技术的发展，为个体提供了表达意见的新平台。这一现象被称为"反沉默螺旋"，它颠覆了传统的沉默螺旋理论，使持有少数意见的个体能够在网络上找到共鸣，并通过集体行动来增强自己的声音。在网络平台上，即使面对主流意见的压力，个体也更有可能表达自己的观点，不再选择沉默。

在高校网络舆情的传播过程中，大学生群体由于其较高的信息素养和批判性思维能力，往往能够对事件进行客观的分析和判断。当他们认为自己的观点具有合理性时，更愿意表达自己的看法，并可能成为"意见领袖"，引导舆论走向。

这种希望成为"意见领袖"的动力，能够激发个体的参与性，推动他们在网络上积极发声。

"反沉默螺旋"现象的出现，为高校网络舆情的有效引导提供了新的视角。它表明，在网络环境下，即使是少数意见也有可能通过集体行动获得关注和认可。因此，高校在进行网络舆情引导时，应重视网络平台的开放性和包容性，鼓励学生表达不同意见，促进多元化的观点交流。同时，高校还应加强对网络舆论的监测和分析，及时了解学生的思想动态，引导他们形成理性、客观的舆论环境。

此外，高校还应培养学生的媒介素养，提高他们辨别信息真伪、筛选有价值信息的能力。通过教育和实践活动，帮助学生树立正确的价值观和舆论观，使他们能够在网络舆情传播中发挥积极作用。这样，不仅能够促进高校网络舆情的健康发展，也能够为构建和谐校园文化、推动社会进步做出贡献。

（3）"群体极化"理论。在社会心理学的研究范畴内，"群体极化"理论提供了对群体行为动机和心理特征的深刻洞察。该理论指出，与个体相比，群体在面对外部刺激时往往表现出更为显著的非理性特征。个体在面对刺激时能够进行独立思考，并有能力主宰自己的行为，而群体则更多地受到无意识心理因素的影响，其动机和行为趋向于极端化。

随着互联网技术的飞速发展，网络空间已成为公众表达利益诉求的重要平台。在这一背景下，现实社会中的"群体极化"现象也扩展至网络空间，形成了网络"群体极化"。争议性事件通过自媒体的传播能够迅速激发公众情绪，加之群体内部的心理作用，如传染和暗示，进一步加剧了"群体极化"的趋势。

网络"群体极化"的形成是一个复杂的社会心理过程，涉及信息传播、情绪感染、社会认同等多个因素。在网络环境中，信息的快速传播和选择性接触可能加强个体的原有观点，而群体内部的互动则可能进一步放大这些观点，导致整个群体的观点逐步趋于极端。

为应对网络"群体极化"现象，需要从多个层面进行干预：首先，加强网络素养教育，提高公众的信息识别和批判性思维能力，帮助他们理性地看待网络信息；其次，优化网络环境，减少极端和偏激观点的传播，鼓励建设性的讨论和对话；最后，通过科学的舆论引导，平衡不同声音，促进社会多元观点的交流和融合。

"群体极化"理论为理解群体行为提供了重要的理论支持，对分析和引导网络舆论具有重要的参考价值。通过深入理解群体极化的机制和影响，可以更有效地促进网络空间的理性对话和和谐发展。

3. 网络思想政治教育的功能

伴随着现代互联网的产生与发展，一种区别于传统思想政治教育本质要求的新形态——网络思想政治教育随之产生。网络思想政治工作是基层思想政治工作的重要形式，这既为加强和改进高校网络思想政治教育提供了政策依据，又为进一步研究高校网络思想政治教育的理论、方法和实践创新提供了基本遵循。网络思想政治教育功能是指在网络世界中，通过网络技术手段将思想政治教育内容融入网络教育体系中，发挥思想政治教育对网民思想、行为规范的积极作用。网络思想政治教育的功能以作用范围为划分标准，可分为社会性功能和个体性功能两部分。

（1）社会性功能。社会性功能主要表现为以下三个方面：

第一，政治功能。互联网作为现代社会信息传播的重要渠道，其政治功能日益受到重视。网络的广泛覆盖和匿名化特征为公众提供了一个相对自由的表达空间，使人们在网络环境中参与政治生活的积极性往往高于现实生活。在此背景下，网络思想政治教育的开展尤为重要。

网络思想政治教育能够有效地利用互联网的传播优势，将政治理念、价值观念和政策导向传达给公众，增强政治信息的透明度和可达性。通过网络平台，政府可以更直接地了解民众的政治诉求和意见反馈，从而促进政府决策的民主化和科学化。

网络思想政治教育还具有强化社会共识、引导公共舆论的功能。在网络空间中，多元价值观和利益诉求并存，通过有效的思想政治教育，可以引导公众形成正确的政治认知，凝聚社会共识，维护社会稳定。

同时，网络思想政治教育也是培养公民责任感和参与意识的重要途径。通过网络平台的教育和引导，可以激发公众的政治参与热情，提高其政治素养，促进公民对国家和社会事务的积极参与。

为了充分发挥网络思想政治教育的政治功能，需要构建开放、互动、有序的网络教育环境。政府和教育机构应加强网络内容建设，提供丰富、准确、有深度的政治教育资源。同时，还需加强对网络舆论的监测和管理，防止不良信息的传播，营造清朗的网络空间。

通过将网络思想政治教育融入教育教学全过程，培养学生的社会主义核心价值观，提高其政治判断力和责任感。

第二，经济功能。在网络社会中，经济功能的发挥呈现出多样化的特点。网络环境为个体间的交流与合作提供了便捷的平台，促进了知识与信息的共享，这种精神交流是激发创新思维的重要源泉。创新思维作为技术变革的先导，对经济的持续发展起到了关键的推动作用。技术的革新不仅提高了生产效率，也催生了新的产业和商业模式，从而为经济增长注入了新的活力。

此外，网络思想政治教育还能培养网民的创新意识和创业精神。通过教育引导，网民能更好地理解经济发展的趋势和规律，形成科学的经济观念和价值取向。这不仅有助于提高网民的个人素质和能力，也能促进整体的创新能力和竞争力。

为了充分发挥网络思想政治教育的经济功能，需要构建开放、互动、协同的教育平台。政府、教育机构和企业应加强合作，共同开发和利用网络教育资源，提供多样化的教育服务。同时，还需加强网络环境的监管和治理，营造健康、有序的网络空间，为网民的创新活动提供良好外部条件。

通过将网络思想政治教育与专业教育相结合，培养学生的创新能力和实践能力，为社会经济发展输送高素质的人才。

第三，文化功能。网络文化通过其多样化的表现形式——网络社交、网络教育、娱乐休闲、消费理财等——对个体的日常生活产生了深远影响。互联网技术的兴起打破了文化传统上的民族和地域界限，使文化产品和价值观念得以在全球范围内通过信息技术进行广泛传播和交流。

网络思想政治教育在这一背景下承担着培育文化自觉与文化自信的重要使命。通过网络平台，教育者可以有效地传播人类优秀文化成果，引导网民认识和理解不同文化的独特价值和普遍意义。这种教育不仅有助于增强个体对本民族文化的认同感和自豪感，也能促进跨文化交流与理解，构建开放包容的文化心态。

此外，网络思想政治教育还能够激发网民的创造力和想象力，鼓励他们在社会实践中积极参与文化创新。通过网络平台，网民可以自由地表达自己的文化见解，分享个人的文化体验，从而推动文化多样性的发展和文化创新的涌现。

为了充分发挥网络思想政治教育的文化功能，需要构建开放、多元、互动的教育环境。政府和教育机构应加强对网络文化内容的引导和管理，提供丰富、健康、有益的文化产品。同时，还需鼓励网民积极参与网络文化建设，通过网络平台展示和传播优秀的本土文化，促进文化自信的培养。

高校作为文化传承与创新的重要阵地，也应在网络思想政治教育中发挥积极作用。通过将网络文化教育与专业教育相结合，培养学生的文化素养和创新能力，为社会培养具有国际视野和本土情怀的文化人才。

（2）个体性功能。个体性功能主要表现为以下三个方面：

第一，生存功能。随着互联网技术的普及和网民数量的激增，网络空间逐渐成为人们生活、工作和学习的重要场所。通过有效的思想政治教育，可以帮助网民树立正确的网络意识，认识到网络空间并非法外之地，同样需要遵守法律法规和道德规范。教育的目的是引导网民形成良好的网络行为习惯，提高其网络素养，增强其识别和抵御网络风险的能力。

网络思想政治教育的根本任务是帮助网民理解网络生活的意义与价值。通过教育，网民可以更好地利用网络资源，提高生活质量和工作效率，实现个人发展和社会进步。同时，网络思想政治教育还可以帮助网民建立起网络空间的责任感和归属感，促进网络社会的和谐稳定。

为了实现网络思想政治教育的生存功能，需要构建系统化、规范化的教育体系。政府、教育机构、社会组织和网民自身都应承担起相应的责任，共同营造健康、有序的网络环境。政府应加强网络法律法规的制定和执行，为网络思想政治教育提供法律保障；教育机构应开发适合网络环境的教育内容和方法，提高教育的针对性和有效性；社会组织和网民自身也应积极参与网络文化建设，传播正能量，抵制不良信息。

高校作为培养高素质人才的重要基地，也应在网络思想政治教育中发挥积极作用。通过将网络思想政治教育融入教育教学全过程，培养学生的网络素养和道德修养，为社会输送具有良好网络行为习惯的人才。

第二，导向功能。网络思想政治教育的导向功能通过正导向和负导向两个方面发挥作用。正导向指的是教育活动旨在积极引导网民的思想状态和行为举止，促使其与社会主义核心价值观相契合，形成健康向上的网络文化氛围。而负导向则涉及对网络环境中的负面信息和行为进行约束和纠正，以防止其对社会秩序和个体心理健康造成破坏。

开展网络思想政治教育的目的在于通过正导向功能，对网民进行思想上的正确引导和行为上的规范。这种引导不仅包括对政治理念、价值观念的教育，也涵盖了对法律法规、网络道德的教育。通过系统化的教育内容和方法，帮助网民建立起正确的网络行为模式，提高其网络素养，使其能够在网络空间中做出理性判断和选择。

网络思想政治教育的正导向功能还体现在对网民社会责任感和集体荣誉感的培养上。网络思想政治教育活动鼓励网民积极参与网络社会的建设，通过正面的言论和行为，为营造清朗的网络空间贡献力量。同时，通过教育，增强网民对不良信息的辨识能力和抵抗能力，减少网络环境中的负面影响。

为了有效实现网络思想政治教育的导向功能，需要构建多元化的教育平台和渠道，利用各种网络工具和媒介，广泛传播正面信息和正能量。同时，还需加强对网络环境的监管，及时发现和处理负面信息，防止其扩散和传播。

第三，激励功能。网络环境中自媒体的兴起，为个体提供了广阔的发声空间。这种开放性平台不仅赋予了个体自由表达观点的权力，同时也为网民提供了丰富的信息源，激发了公众参与社会话题讨论的热情。

网络思想政治教育的激励功能在于，它能够调动网民的积极性，鼓励他们成为信息产生的源头，通过自媒体平台分享见解、表达主张。这种自由发声的实践，不仅促进了个体意见的多元化，也增强了网络社会的活力。

同时，网络思想政治教育还能激发网民的批判性思维，提高他们分析和解决问题的能力。在面对网络事件时，网民通过关注、思考和讨论，能够锻炼自己的逻辑思维和判断力，形成更为全面和深入的理解。这种能力的提升，对于个体的综合素质发展具有重要意义。

此外，网络思想政治教育还鼓励网民参与社会实践，将网络中获取的知识和信息转化为实际行动。通过网络平台的互动交流，网民可以更好地理解社会现象，形成自己的见解，并在现实生活中加以应用，实现个人价值和社会价值的统一。

（二）微时代高校网络舆情思政教育引导的功能

互联网技术在高校的广泛应用使得高校的教学设施更新换代加快、教学资源丰富多样，但在极大便利高校教学工作的同时也为大量带有主观性、负面性的思潮流入高校校园提供了途径。

1. 育人功能

网络环境，特别是微媒介平台的虚拟性和匿名性，为高校学生提供了一个自由表达和展现自我的空间。网络舆情的引导通过对互联网中的虚假信息进行筛选和过滤，揭露谣言和谬论，可以有效地规范学生的网络言论，引导其网络行为朝着健康有序的方向发展。这不仅是对学生进行思想引领的重要途径，也是高校育人工作的重要组成部分。

高校育人的第一要务是立德树人，思政教育工作应贯穿于教育的各个阶段。高校管理者在网络舆情引导中承担着重要职责，其根本目的是培养具有良好道德品质的社会主义建设者和接班人。为了实现这一目标，高校应将"三全育人"理念融入网络舆情引导的全过程，即全员育人、全程育人和全方位育人。

全员育人要求高校内所有工作者，从党委领导到教师、技术人员等，都要承担起育人的责任，实现教育主体的极大丰富。全程育人则要求育人工作贯穿于学生成长的全过程，从点到面，确保育人工作的全面性。全方位育人则强调课内与课外、线上与线下教育场的有效互动，打破育人屏障，实现教育的无缝对接。

通过这种全方位的育人模式，高校可以更有效地培养学生的综合素质，提高他们的网络素养，引导他们成为具有社会责任感和道德自律的新时代青年。这不仅有助于构建清朗的网络空间，也为学生的全面发展和成长奠定了坚实的基础。

2. 维稳功能

在经济全球化的大背景下，网络平台成为多元价值观念和复杂社会思潮交织的场所，这使得意识形态领域的斗争呈现出更加复杂和隐秘的特点。高校大学生作为网民的重要组成部分，他们在网络平台上的活动日益频繁，持续受到丰富多元的网络信息影响。

（1）网络平台中的正面事件报道对于激发大学生追求真理、善良和美好具有积极作用。大学生倾向于在即时通信和社交媒体上分享个人见闻，这些内容通过文字、图片、视频等多种形式吸引人们的注意力，并在网络上迅速传播。一旦这些信息引发网络舆情，其传播速度和影响力不容小觑。

（2）高校网络舆情的引导工作不应仅在舆情发生后被动地应对，而应主动进行，时刻准确把握大学生的思想动态和舆情走向，这对提升高校思想政治教育的实效性至关重要。高校网络舆情引导者需及时掌握学生们的思想动态，以便在突发事件发生时，能够迅速向相关部门提供第一手的舆情信息。

（3）高校网络舆情引导者还承担着向学生传递公正、客观、权威的信息的责任，这有助于避免因学生好奇心引发的对事件的过度关注和可能的误解。通过这种方式，可以有效地引导网络舆情，减少不良信息的传播，维护网络环境的稳定。

高校网络舆情引导工作是维护社会稳定、引导正确思想的重要手段。通过这一工作，不仅能对大学生进行正确的思想引导，还能在网络空间中形成正面的舆论导向，为构建和谐稳定的网络环境提供有力支持。

3. 文化传承功能

在微时代背景下，网络空间成为文化交流与传播的重要平台，对高校学生的思想观念和价值取向产生深远影响。网络舆情思政教育通过网络平台，积极传播社会主义核心价值观，弘扬民族优秀传统文化，增进学生对中华文化的认同感与自豪感。

网络舆情思政教育引导致力于培养学生的文化自觉和文化自信，激发学生对文化传承的责任感和使命感。通过网络平台，学生能够接触到丰富的文化资源，包括历史知识、文学艺术、哲学思想等，这些资源的传播有助于学生深化对中华文化的理解，增强文化素养。

同时，网络舆情思政教育还注重培养学生的国际视野，通过比较不同文化，促进学生形成开放的文化心态，理解和尊重文化多样性。这不仅有助于学生在全球化背景下更好地传播中华文化，也为构建人类命运共同体贡献力量。

此外，高校网络舆情思政教育还承担着批判性思维的培养任务，教育学生在面对多元文化冲击时，能够理性地分析，坚定文化自信，避免盲目崇拜和模仿。通过这种批判性思维的培养，学生能够在文化传承与创新中发挥积极作用，推动中华文化的创造性转化和创新性发展。

　　网络舆情思政教育在文化传承方面具有重要作用。通过网络平台的教育资源和互动交流，高校能够有效地培养学生的文化素养，激发文化创新活力，为传承和发展中华文化提供有力的支持。

第四章 微时代背景下大学生思想政治教育的微载体研究

第一节 大学生思想政治教育微载体的内涵与外延

网络已全面渗透到世界的每一个角落,其对人们的生活、学习和工作产生了深远的影响。特别是在大学生群体中,互联网的普及和发展使得现实与虚拟的界限愈发模糊,网络生活已成为他们日常生活中不可或缺的一部分。

随着微文化的兴起和移动互联网的迅猛发展,大学生的网络生活方式正经历着深刻的变革。以往依赖于固定大屏幕的上网习惯逐渐被移动小屏幕所取代,这一转变不仅影响了大学生的网络使用习惯,也对其思想政治教育提出了新的挑战。

在这一背景下,传统的以电脑(PC)端为主的思政载体平台已难以满足大学生网络思想政治教育的需求。教育者开始积极探索新的教育载体,其中微载体因其高度的可利用性而备受关注。然而,尽管这些微载体已在实际教学中得到应用,并取得了一定的成效,但其教育效果并不显著。这反映出在利用微载体进行大学生思想政治教育时,仍存在诸多问题与挑战。

面对移动互联时代的发展趋势,利用微载体进行大学生思想政治教育是必要且紧迫的。然而,机遇与风险并存,这就要求我们对微载体进行全面而深入的研究。

一、大学生思想政治教育微载体的内涵

随着互联网的深度发展,网络应用与终端设备的变革引领我们进入了一个全新的"微"时代。在这一时代背景下,承载网络信息和应用网络技术的设备与终端实现了由 PC 端向移动端的转变,智能手机作为这一变革的核心驱动力,其智能化发展促使大量 PC 端应用向手机 App 转型,同时催生了众多手机专享 App。

智能手机以其便携性、高效性、信息承载的碎片化和丰富性，重塑了人们的生存、交往、思维和行为方式。这一转变对于大学生思想政治教育提出了新的挑战，也为其提供了新的机遇，即大学生思想政治教育微载体的兴起。

对于"微载体"的探讨，需明确其概念。微载体，作为移动网络技术与用户需求相结合的产物，指的是为了满足移动终端用户多样化需求而开发的微型应用软件。这些软件广泛应用于智能手机、平板电脑等便携式电子设备，因其便捷性、开放性、承载信息的丰富性和功能多样性，已成为人们日常生活中不可或缺的部分。依据其用途，微载体可分为社交、资讯、教育、娱乐、消费和生活等类型，几乎覆盖了人们生活的各个方面。

进一步探讨思想政治教育微载体的概念，需要给予思想政治教育载体以基本定义。尽管学界对于思想政治教育载体的界定存在多种观点，但共同之处在于强调其承载和联结功能。结合微载体的特性，本书认为思想政治教育微载体是以移动互联网络为基础，在思想政治教育过程中能够承载教育内容和信息，促进教育者与受教育者互动交流的微型应用软件。

大学生思想政治教育微载体是指一系列能够用以对大学生开展思想政治教育的具体微载体的集合。随着微信、微博等成熟应用的普及，以及抖音、Bilibili网站等新兴平台的涌现，大学生思想政治教育微载体日益丰富多样，为思想政治教育提供了新的方法和途径。然而，微载体的影响具有双面性，既满足了大学生的多样化需求，也带来了潜在风险。因此，教育者需结合大学生的个性特点和网络生活状态，有效运用这些微载体，进行有针对性的思想政治教育，以提升大学生的辨别能力和选择能力，确保他们的身心健康发展。

二、大学生思想政治教育微载体的外延

（一）大学生思想政治教育微载体的分类

大学生思想政治教育微载体从不同角度可以分为不同类别。依据不同划分标准对其进行科学的分类界定，可以更好地为本书研究大学生思想政治教育微载体的效用奠定基础。

1. 从功能角度划分

从功能角度划分，可以分为以教育功能为主的微载体、兼具教育功能的微载体和具有教育潜力的微载体。以教育功能为主的微载体是指以教育和思想传递为主要目的的微载体，比如"学习强国"，这一微载体不仅提供了大量的思想政治教育理论内容，还在思想政治引导方面发挥着不可忽视的作用。当前，我国十分重视"学习强国"平台的推广和使用，高校也积极鼓励大学生利用"学习强国"平台在课余的碎片化时间进行理论学习，其中的时事热点和国家最新的大政方针政策的普及对于大学生了解国家大事，树立正确的思想观念有十分重要的意义。兼具教育功能的微载体是指其主要功能并非教育功能，但其中包含大量开展教育活动的资源和条件，并且能达到教育效果的微载体，如通过抖音、Bilibili 网站等以娱乐功能为主的微载体可以发布思想政治教育内容和信息，展开思想政治教育活动；微博、微信等以社交功能为主的微载体，不仅可以成为高校宣传思想政治教育的新阵地，而且可以成为了解大学生思想政治动态的新窗口。具有教育潜力的微载体，即当前还未广泛应用于思想政治教育工作，但是拥有丰富的思想政治教育资源，如果能加以合理利用，就可以充分发挥思想政治教育功能的微载体，如新闻资讯类的微载体（今日头条、搜狐新闻）等。

2. 从内容角度划分

从内容角度划分，可以分为政治语言微载体、学术语言微载体和生活语言微载体。思想政治教育话语分为"政治话语""学术话语"和"生活话语"三种基本形态，这是从内容上来划分的。而微载体的效用发挥也离不开特定的、丰富的内容，从微载体承载的内容上看，主要有政治语言、学术语言和生活语言三种形态。

政治语言微载体的特点在于：一是具有鲜明的意识形态立场，它是党的路线、方针、政策的直接展现，主要包括领导人重要讲话、马克思主义经典著作、党和国家最新政策文件等。二是成熟度高，政治语言载体在文字上全面、完整、精确，是经过反复推敲和打磨而成的。无论是党的文献还是领导人讲话，都具有极强的理论性和逻辑性，庄重严肃。例如，"学习强国"平台的相关理论学习板块的内容就属于典型的政治语言微载体。

学术语言微载体则主要是用特定的价值判断、学术概念对思想政治教育内容和信息进行学理性阐释。其特点主要是学理性强和抽象度高，如与思想政治教育理论相关的微信公众号（思政学者、思政热点等）就是专门传播思想政治教育和马克思主义理论相关知识的平台，具有很强的学术性。虽然阅读需要一定的门槛，但其内容篇幅通常不会过长，往往只涉及理论体系中的一个知识点，力求将一个知识点讲通、讲好。

生活语言微载体主要指的是在日常生活和交往过程中使用到的微载体，具有通俗易懂和贴近生活的特征。例如，学校官方微博、微信等平台会在网络上与大学生进行生活类问题的交流，在微博或微信上发起与生活相关的讨论，以引起大家的关注和讨论。

（二）大学生思想政治教育微载体的特征

1. 交互性

交互性即教育者和大学生能够利用微载体进行顺畅的交流互动。移动互联网的自由性和包容性使大学生可以尽情地在互联网平台上表达自我，每个人都可以发出自己的声音、表达自己的观点和态度。通过微载体，教育者能对大学生有更全面的了解，从而促进教育者和大学生在多个方面展开互动，形成一种包括学习问题、生活问题、工作问题和思想问题等在内的全方位互动。这种交互性不仅包括促进人与人之间的充分互动，也包括跨载体信息分享的实现。随着微载体功能的迅速发展，当前许多微载体已经实现了微载体之间的充分互动，比如微博的内容可以直接分享给微信好友或者分享到微信朋友圈，在微信小程序内可以直接浏览知乎、Bilibili 网站等，这促进了不同的微载体之间的信息流动，同时也扩大了信息的传播范围和影响力。当大学生接收到思想政治教育微载体推送的优质信息时，会积极进行点赞、评论和分享等，促进思想政治教育微载体优质内容的广泛传播。

2. 便捷性

移动终端设备因其体积小巧，便于随身携带，且在具备基本通信功能的同时，还拥有 PC 端的绝大多数核心功能。这使得人们无需守在电脑前，即可随时随地接入网络。这种便捷性体现在一种伴随式的"问答"服务上，即无论何时何地，人们都可以通过各种移动应用进行搜索，并能迅速获得许多专业的回复。例如，知乎的标语"有问题就会有答案"，凸显了其在知识搜索和问答方面的便捷性。这种伴随式的服务功能促使大学生形成了"有事找网络"的习惯，网络在他们生活中扮演了"保姆和管家"的角色。

思想政治教育的微载体同样可以为大学生提供即时的检索、资讯和沟通服务。对于教育者来说，只需注册一个微载体账号（微博、微信等），便能随时传播教育内容，解答大学生在生活、学习、心理等方面的疑问，并与他们保持密切的沟通。与传统的大学生思想政治教育方式相比，这种方式显示出了明显的便捷性。此外，获取信息的便捷性也是移动终端设备的一大优势。

3. 碎片化

一方面，思想政治教育微载体承载的内容具有明显的碎片化特征，不同于传统的网络平台的信息，微载体承载的信息更为短小精悍，能更好地适应快节奏的生活方式。大学生思想政治教育微载体承载的内容丰富多彩，包罗万象，教育者可以巧妙地利用图片、文字、声音、视频等多种形式图文并茂、生动形象地传递简洁凝练的思想政治教育信息，从多个角度刺激大学生的感官。

另一方面，基于内容的碎片化，思想政治教育微载体承载的内容还显示出明显的生活化特征。大学生喜欢在学习和工作间隙浏览微载体，在这种情况下，大学生偏向于浏览让人感到轻松愉快的内容，并且浏览的内容大多数和大学生日常生活息息相关，具有较强的日常性和生活性，并且信息的接收和消化要足够便捷，能够唤起大学生的浏览欲望和参与热情。思想政治教育微载体的内容包罗万象，可以满足大学生多方面的需求，既有专业知识，也包括与大学生息息相关的现实问题，还涉及当下的社会热点问题，且内容和信息体量进行了相应调整，大学生能够迅速识读和掌握。

4. 开放性

开放性主要体现在微载体的应用准入门槛低，没有身份、能力、专业等的限制，只要拥有一台联网的移动终端设备，就可以自由地进入各类微载体，人人都可以成为网络信息的提供者，同时也可以成为网络信息的获取者，这种开放性为思想政治教育微载体传递思想政治教育内容和信息提供了开放的空间。传统的思想政治教育活动总是以教育者为中心，教育者具有绝对的权威性，总是能对教育过程进行全程掌控，教学活动过程具有一定封闭性。而教育者利用思想政治教育微载体开展思想政治教育活动，则体现出更明显的开放性、自由性、平等性，大学生可以自主选择是否接受教育、何时接受教育，并且体现出更强的自主性，和教育者的地位是平等的。这种广泛的参与性不仅体现在人人参与、人人平等上，而且体现在影响的广泛性上。教育者或官方教育组织利用多种微载体开展思想政治教育活动，能够形成一种相互呼应的效果，可以将思想政治教育活动的影响迅速扩大。

（三）大学生思想政治教育微载体的功能

大学生思想政治教育微载体作为一种网络载体新形态，具有网络载体的一般功能，同时在功能的体现上也存在不同于传统网络载体的新特色。具体来说主要有以下四个方面。

1. 承载功能

思想的内在性，需要通过一定载体外显其性质与状态。所谓大学生思想政治教育微载体的承载功能，指的是能蕴含、储存思想政治教育内容和信息。承载功能是大学生思想政治教育微载体的一个基本功能。丰富多彩的信息内容必须通过一定的载体才能呈现。要想将大学生思想政治教育的思想内容外化，就必须借助外显的载体承载其内在的信息。通过思想政治教育微载体的传递，大量的思想政治教育信息得以在网络平台传播，在潜移默化中影响着大学生的价值判断和行为选择。比如微信公众号中丰富的思想政治教育相关推文、抖音平台上富有思想政治教育内容和信息的短视频等，以生动的形式和有趣的内容给大学生带来了良好的学习体验，促进了大学生思想、政治和道德素养的提高。与传统载体的承载功能不同的是，各类微载体承载的信息体量不大，但形式更加多样化。比如这些信息以文字、动图、音频、视频等多种形式呈现，有明显的碎片化和生动化的特点，强调对多种感官的调动和刺激。

2. 导向功能

导向是指通过一定的方式去影响自身或他人按照特定方向行动的过程。教育者能够根据特定的教育要求利用微载体对大学生进行有目的、有计划的影响，使大学生的思想、行为符合社会发展需要。大学生思想政治教育微载体能够在思想、行为和情感三个方面对大学生进行引导。思想导向功能在于始终坚持马克思主义，坚定地向大学生传播中国特色社会主义理论体系，帮助大学生树立正确的价值观念。教育者通过思想政治教育微载体积极关注时政热点，并且在合适的时间点通过图文、视频、音频等方式积极发声，引导大学生提高思想觉悟，坚定理想信念，保证大学生能够在纷繁复杂的网络世界保持正确的政治意识、政治态度和政治方向，不被诋毁主流意识形态的负面言论裹挟，时刻保持高度的敏感度和鉴别能力，坚持理性选择和理性参与。

3. 反馈功能

在思想政治教育领域，反馈机制是衡量教育效果、调整教育策略的重要手段。传统的思想政治教育载体，如面对面的活动、文化活动等，在收集和分析反馈时往往面临诸多限制。这些限制可能源于时间、空间、参与者的参与度以及信息收集和处理的难度。因此，传统载体在反馈时可能无法全面、准确地反映教育的实际效果。

相比之下，现代的微载体，如社交媒体、在线论坛、博客和移动应用程序等，提供了更为灵活和高效的反馈途径。这些微载体利用先进的信息技术，能够收集和分析大量的用户互动数据，包括点赞、评论、分享和点击量等。这些数据可以转化为可视化的图表和报告，帮助教育者直观地了解教育内容的受欢迎程度、受众的参与度以及信息传播的效果。

教育者可以利用这些数据进行深入的分析，识别教育内容的优势和不足，以及受众的需求和偏好。基于这些分析结果，教育者可以及时调整教育策略，优化教育内容，提高教育的针对性和有效性。例如，如果发现某个话题的讨论度很高，教育者可以围绕这一话题开展更深入的教育活动；如果某个教育内容的点击量较低，教育者可以重新设计内容，以提高其吸引力。

此外，微载体的互动性也为教育者提供了与受众直接沟通的渠道。教育者可以通过在线问答、调查问卷、意见反馈等方式，收集受众的意见和建议，进一步了解他们的需求和期望。这种双向互动不仅有助于教育者优化教育工作，也有助于增强受众的参与感和归属感，从而优化教育的整体效果。

4. 凝聚功能

大学生思想政治教育微载体的凝聚功能，在当前数字化时代背景下显得尤为突出。这一功能主要指的是通过多元化的微载体平台，如社交媒体、短视频、在线课堂等，有效增强大学生的爱国情怀、政治认同和文化自信，从而将广大大学生紧密地凝聚在一起，共同为实现中华民族伟大复兴的中国梦而奋斗。

（1）微载体为爱国主义教育提供了全新的方式和手段。通过精心策划的线上主题活动、实时互动的讨论区、感人至深的短视频等，能够创新爱国主义教育的方式，让大学生在轻松愉快的氛围中感受到国家的繁荣富强和中华民族的伟大复兴。这种教育方式不仅丰富了爱国主义教育的内容，还会使教育过程更加生动、有趣，更容易被大学生所接受和认同。

（2）微载体在彰显中国共产党的先进性方面也发挥了重要作用。通过微载体平台，可以传播党的理论、路线、方针、政策，让大学生深入了解党的历史、党的奋斗目标和党的光辉业绩。同时，微载体还能够及时报道党的最新动态和重大成果，让大学生感受到党的先进性和领导力量，从而增强对党的信任和支持。

（3）微载体在弘扬中华优秀传统文化方面也发挥了积极作用。中华优秀传统文化是中华民族的精神命脉和宝贵财富，通过微载体平台，可以广泛传播中华优秀传统文化的精髓和内涵，让大学生深入了解中华文化的博大精深和独特魅力。这种传播方式不仅增强了大学生对中华文化的认同感和自豪感，还激发了他们传承和弘扬中华文化的热情和动力。

第二节　大学生思想政治教育微载体的生成机制

一、大学生思想政治教育微载体的主要呈现

"互联网技术的发展日新月异，不知不觉地改变了人的生活方式和思维模式，

网络成为大学生学习生活和思维交流的重要载体"[①]，所谓大学生思想政治教育微载体主要呈现，就是其对思政教育目标和要求的满足程度，具体来说主要有以下五个方面。

（一）掌握思想动态

网络思想政治教育内化的复杂性源于个体的多元性与动态性。在利用微载体开展思想政治教育活动时，关键在于深刻理解和把握大学生的复杂性。这要求教育者不仅需要认识到大学生作为独立个体的独特性，还需洞悉其群体行为背后的心理动机与诉求。依据"使用与满足"理论，大学生通过移动终端的媒介接触行为，实际上是基于求知、社交、娱乐和自我表达等多重需求的满足过程。

微载体的开放性和互动性为大学生提供了展示自我、释放压力与寻求认同的平台。在虚拟的网络空间中，大学生可以自由地表达在现实生活中可能隐藏或不愿展现的一面，这些真实而多元的表达为教育者提供了深入大学生内心世界的窗口。为了有效引导大学生的思想状态由被动转为主动，教育者需重视网络空间中大学生的诉求，并实时跟踪其思想动态，从而更加精准地把握教育时机和策略。

此外，网络空间为大学生提供了海量的信息和资源，他们不仅可以在此获取信息，还可以进行表态、分享和讨论，这极大地增强了他们的主体性和参与感。这种高度的参与性使大学生在网络上的思想轨迹更加明显，为思想政治教育的大数据分析提供了丰富的样本，进而帮助教育者更加科学地预测大学生的思想动态，实现教育行为的精准投放。

在传统教育模式下，教育者要融入大学生群体并了解他们的真实状态往往面临诸多挑战。然而，在微传播时代，教育者可以充分利用各类思想政治教育微载体，高效地接触不同的大学生群体，了解他们的真实生活状态。这些微载体所形成的圈层文化为教育者提供了多样化的接触点，教育者可以根据不同圈层的特点选择合适的方式融入其中，进而在潜移默化中对大学生进行有针对性的思想政治教育。

[①] 肖晓哲.微时代、微平台、微载体:大学生思想政治教育工作模式创新研究[J].教育现代化,2018,5(37):233.

（二）全息全效育人

充分地利用媒介作为教育者认知和能力的延伸，能够极大地提升教育效果。传统的思想政治教育影响主要集中于学校环境，在时间、空间等方面都有一定的限制。随着互联网的发展，微载体为思想政治教育突破时空局限提供了可能。移动网络已经成为大学生日常生活不可或缺的一部分，网络中的交往和生活已经成为大学生习以为常的生存方式。这种高度依赖性，为思政工作提供了新的路径与思路。

利用大学生思想政治教育微载体开展教育活动具有超时空性。传统教育活动主要通过课堂和定期开展的课外实践活动施加影响，课堂或活动结束后，其影响会随着时间的流逝而减弱。此外，课堂之间、活动之间的联系还不够紧密，不利于影响的持续性，容易造成影响的断层。而微载体能够打破课上课下的界限，使思想政治教育走出课堂，全面融入大学生的生活中，实现课上、课下影响的衔接，从而形成稳定的教育氛围。例如，课堂学习的内容可以通过微信群进行互动讨论，并通过微信公众号展示的形式呈现同学们的学习成果；对于社会上出现的时事热点，可以鼓励同学们深入探究，并制作短视频呈现自己的观点；辅导员可以通过微信与大学生保持密切联系，通过班级群或私聊的形式与学生展开沟通，及时回应学生的需求。这些活动利用微载体展开，具有灵活的时间和空间，具有一定的延续性，能够和课堂思想政治教育有效连接起来，延伸思想政治教育在时空上的覆盖面。

利用微载体可以实现教育过程中对大学生的全程关注。大学生的发展是一个连续不断的过程，教育者需要根据大学生的身心状况不断调整教育内容。当前，思想政治教育的形式、方法、载体等有时存在一定的滞后性，不能满足大学生思想发展的需求，这种需求的错位导致思想政治教育工作收效甚微。因此，思想政治教育者需要时刻关注大学生的发展变化，在总结大学生身心发展规律的基础上"对症下药"，解决大学生在生活中遇到的各类问题，促进大学生思想政治水平的提高。借助微信、微博、Bilibili网站等思想政治教育微载体，教育者可以通过大学生在这些平台上展现的持续思想动态捕捉其发展状况，从而准确把握大学生的思想动态。此外，在利用热点事件进行教育引导时，也需要足够的连续性来保障思想政治教育的最终效果。当代大学生对社会热点事件广泛关注，如微博热搜经常成为大学生讨论的焦点。然而，社会热点事件并非转瞬即逝，往往具有一定的持续性，甚至有时会经历多重反转或造成广泛的社会影响。因此，思想政治教育者需要实时跟进，把握网络舆论的风向标，将负面事件的影响降到最低。

（三）促进教育认同

依靠生硬的灌输和单调的讲授，不仅不能起到教育效果，还可能出现强烈的抵制情绪。思想政治教育要讲究方法和手段，好的教育方法既让人食之有味，又让人感受不到盐的存在，能让大学生如沐春风，心领神会，单一、枯燥的方法则可能触发学生的负面情绪。教育者要通过丰富多彩的教育方式把正确的世界观、人生观和价值观传递给大学生，让大学生在潜移默化中进行消化吸收。微载体承载的语言具有明显的生动性和趣味性，符合大学生的喜好，有利于吸引大学生注意，提高接受度。移动网络时代形成的"微文化"有明显的草根性，同时体现出崇尚自由、张扬个性、青春活泼的特点，通过思想政治教育微载体所传递的思想政治教育语言也具有生动性，内容贴近时代和生活，能通过有趣的讲述和丰富的展现形式将系统化、理论化的思想政治教育内容讲述出来，如通过表情包、网络热词等大学生喜闻乐见的语言内容，或者通过图文、微视频、微公益、微课堂等微表达形式，更好地促进大学生的认可和接受。

（四）丰富教育方法

在网络思想政治教育的新时代，隐性教育作为一种非强制性的教育方式，正在逐步凸显其独特的价值。这种教育方式强调在日常生活和社会实践中进行渗透内化，通过潜移默化的方式影响大学生的思想。在移动互联时代，隐性教育得以更加深入地实施，它借助网络的虚拟性，将教育内容巧妙地融入大学生的日常生活中，使他们在无意识的状态下接受熏陶，从而主动吸纳并内化相关知识。这种方式不仅克服了传统教育中直接传授法可能带来的抵触心理，也极大地提高了大学生学习的积极性。

同时，利用网络意见领袖的影响力，是提升思想政治教育"出圈"效果的关键。这些网络意见领袖，如微博大V、知乎大咖、Bilibili网站百大UP主等，在网络空间拥有广泛的影响力和号召力。他们通过对信息的选择性传播，形成独特的舆论导向，对大学生而言，他们不仅是信息的提供者，更是思想观念的引导者。通过培育这些意见领袖，我们可以有效地将思想政治教育的内容传递给他们，再由他们扩散到更广泛的受众中，形成强大的影响力。这种方式不仅可以帮助大学生在纷繁复杂的网络环境中保持冷静和理性，还能在关键时刻迅速切断有害信息的传播，维护网络空间的清朗。

（五）精准差异引导

传统的思想政治教育常常以一对多的形式展开，而且以单向讲授为主，师生之间缺乏互动交流，教育者难以捕捉大学生特殊的需要和问题，难以形成差异化教学，统一教学的弊端就是如果不能切合学生实际，就难以引起共鸣，容易让学生对教育产生排斥，久而久之对思想政治教育产生疏离感和抵触情绪，认为思想政治教育就是假大空而没有实际作用。而思想政治教育恰恰不是为了让千人一面，而是要针对千人千面，让每一个人都能够充分发展。这时微载体的利用就显得尤为重要。当前社会，没有大学生能完全脱离微载体而存在，微载体的交流、查询和讨论功能促使大学生经常在平台发声，思想政治教育者可以随时获取这些信息，并对此及时做出反馈，特别是大学生在遇到突发情况和严重问题时，能够第一时间与思想政治教育者取得联系，便于思想政治教育者及时解决学生的问题，这有利于提高思想政治教育的引导作用，让学生真正从心底对思想政治教育产生认同感。同时面对不同学生的不同问题，思想政治教育者也能够通过微载体迅速掌握，比如通过学生的微博、朋友圈等可以了解不同同学的生活状态和思想状况，通过微信一对一交流可以加强对同学个体的了解。这样能够在对学生深入了解的基础上进行差异化引导，真正做到教育因人而异，提升思想政治教育的育人效果。

二、大学生思想政治教育微载体的生成动力

大学生思想政治教育微载体效用的生成需要动力因素，只有这样才能实现效用的生成和发展，如果缺乏动力，就不会有效用的生成；如果动力不足，就难以保持效用的持续发挥。只有获得明确、充足、全面且持久的动力支持，大学生思

想政治教育微载体的各项效用才能够得到有效发挥。影响大学生思想政治教育微载体效用发挥的动力主要有矛盾性动力，即解决教育目标和教育现状之间矛盾的需要；现实性动力，即解决网络存在的意识形态问题的需要；个体性动力，即促进大学生思想政治品德发展的需要。

（一）解决教育目标和教育现状之间的矛盾

在现今高度信息化的社会背景下，大学生作为网络社会的重要参与者，其言谈举止、思想品德和网络素养受到社会各界的广泛关注。辩证唯物主义教导我们，矛盾是事物发展的动力，大学生网络思想政治教育同样在矛盾中不断探索和前行。

一方面，社会对大学生在网络空间中的行为有明确的期望和规定，期望他们能够展现出高尚的道德品质和良好的网络素养。另一方面，大学生在网络环境中的表现却呈现出多样性，他们的行为、思想和网络技能水平各不相同，与社会期望之间存在一定的差距。这种差距构成了大学生网络思想政治教育的主要矛盾。

大学生在网络空间中的高度自主性使得他们不再是被动接受教育的对象，而是根据自身需求有选择性地吸收信息。这一变化使传统的思想政治教育方式面临挑战，要求教育者必须更加深入地了解大学生的需求，采用更加灵活多样的教育方式。

为了应对这一挑战，教育者需要密切关注大学生在网络空间中的行为表现，深入分析他们在言谈举止、思想品德和网络素养等方面存在的问题，并根据这些问题有针对性地制订教育方案。同时，教育者还需要积极利用网络资源，创设有利的教育情境，利用先进的网络技术设备和载体形式，对大学生进行积极引导。

在矛盾中寻求发展，是大学生网络思想政治教育的必由之路。通过不断分析矛盾、解决矛盾，教育者可以推动大学生网络思想政治教育不断更新和发展，使其更加符合大学生的实际需求，更加贴近时代发展的需要。

（二）解决网络存在的意识形态问题

当前，意识形态的热点主要集中在网络，舆论引导的难点也在于网络，因此，思想政治教育的重点也在网络。网络的虚拟性和匿名性可能导致大学生在网络环境中展现出与现实生活截然不同的思想行为特点，这无疑为网络环境下的思想政治教育带来了一定的挑战。同时，网络的开放性使各种观点和思想得以自由交流碰撞，而信息的丰富性和更新迅速又使大学生容易被不良信息误导和蛊惑。这些网络特征确实带来了一系列意识形态问题。

随着大学生日常活动阵地迅速向网络蔓延，网络中的意识形态斗争愈发重要。大学生思想政治教育微载体的产生，正是源于网络技术发展影响下的网络社会现实的需要。网络已经全面渗透进大学生日常生活的各个领域，对大学生的思想行为产生了深远的影响。这种渗透式的影响不仅全方位地满足了大学生的各种个体化需求，提升了他们的生活便捷度，改善了他们的学习和生活环境，满足了他们对网络生活的各种期待；同时，网络所包含的多元化思想和爆炸式信息也在潜移默化中影响大学生的意识形态构建。

然而，信息繁荣的背后隐藏着危机。这些思想和信息好坏参半，错综复杂地交织在一起，需要大学生具备清醒的判断力和辨别力来抵制不良信息的侵蚀。然而，大学生正处于意识形态形成期，思想尚不成熟，难以保证不受外界不良信息的影响，如果不加以限制和引导，就有可能产生一定的网络意识形态问题。这些问题可能源于外来思潮的冲击和渗透，也可能是在本土化网络环境中所滋生出来的意识形态思想，如"信息茧房""泛娱乐化"等。

由于网络的充分自由性和虚拟性，监管面临诸多困难。因此，我们必须充分利用微载体的优势，开展全面的引导教育，帮助大学生树立正确的价值观，提高他们的媒介素养，以应对网络环境中的各种挑战。

（三）促进大学生思想政治品德发展

人的需求具有多样性和复杂性。一般而言，人不仅需要满足衣、食、住、行等物质需求，还需要满足精神层面的多种需求，这种需求随着时代的发展展现出更强的多样性和复杂性。

大学生群体始终具有自我完善的追求，他们渴望获取更丰富的知识，拥有更开阔的视野，塑造更高尚的人格，提升更突出的能力，建立更和谐的人际关系，以及拥有更丰富多彩的生活。为了满足这些需求，大学生会积极学习各种知识和技能，接受教育，培养高尚品德，并在这一过程中获得成就感和满足感。

在移动互联时代，信息的快速传播和共享为大学生提供了广阔的视野和无限的可能。人们通过各种微载体随时随地分享生活，尤其是积极向上的生活态度、丰富多样的生活经历和新鲜有趣的见闻，对大学生产生了强烈的吸引力和激励作用，激发了他们改变自我、追求更高目标的动力。这种动力促使大学生不断产生新的思想政治品德需求，以适应社会发展的需求，更好地融入社会。

通过微载体这一窗口，大学生能够经常接触到积极健康的内容分享，这些分享不仅激发了他们效仿的冲动，也激励他们积极追求人生理想。同时，思想政治教育微载体通过持续性地传递优质的思想政治教育内容，影响和引导大学生追求健康的生活状态，形成良好的思想品德和道德素质。

然而，大学生的思想水平受到年龄、经历等方面的限制，总体上还不稳定，容易受到外界影响。如果不加以正确引导，他们很容易在纷繁复杂的网络信息中迷失方向，陷入思想误区。特别是在面对负面思想的侵蚀时，他们更容易产生精神生活危机或精神需求匮乏等问题。因此，大学生思想政治教育微载体需要发挥重要作用，通过恰当的教育内容，帮助大学生在互联网环境下保持清醒的头脑，防止被错误观念所影响，及时纠正已形成的错误观念和错误行为，促进他们全面发展。

三、大学生思想政治教育微载体效用生成机理

（一）必备要素

微载体要想发挥作用，一是思想政治教育者能熟练地使用微载体，二是受教育者即大学生要有需求和接受的基础，三是教育环境要有利于微载体的存在，四是科学技术能确保微载体正常运行。这些部分缺一不可。当前思想政治教育微载体效用发挥存在的问题也与以上要素准备不够充足有关。微载体要发挥效用，必须具备以下四个要素。

1. 教育者

思想政治教育者在整个思想政治教育活动中占据主导性地位，发挥着关键性作用。在移动互联网时代，教育者既可以是个人，也可以是组织。个人层面主要指的是承担网络思想政治教育责任的思政课老师，而组织层面则涵盖了高校的教

育组织、各大官方媒体以及教育管理部门。从现状来看，各大官方媒体的影响力大都远超高校教育组织（从粉丝数、点赞转发数、评论数等指标中可见一斑）。

教育者必须具备特定的理论能力和自觉意识，具体表现为：①理论功底深厚，即教育者不仅要有扎实的理论素养和丰富的理论积淀，还要能够灵活运用这些理论进行多维度、深层次的分析；②对移动网络及其技术有浓厚兴趣，因为教育者若要利用思想政治教育微载体开展教育活动，就必须了解和掌握相关的移动网络知识和应用技能，这要求教育者对移动网络及其相关问题保持较高的兴趣和关注。

当前，教育者正积极适应网络技术环境的变化，通过思想政治教育微载体深入大学生的日常生活领域，进一步扩大思想政治教育的覆盖范围和提升其影响力。教育者以思想政治教育的根本目标和内容为导向，利用微载体展现传统载体承载的内容，解决了传统思想政治教育内容在网络环境中传播困难的问题。同时，教育者借助"微"阵地，结合精心设计的思想政治教育信息内容，运用大数据和智能算法对大学生群体进行分类和精准推送，并通过各类微载体协同发声，产生群体性效应，从而放大思想政治教育的话语力量，实现对大学生群体的全面覆盖和有效影响。

可以说，教育者的能力直接影响到思想政治教育微载体效用的发挥。因此，不断提升教育者的理论水平和实践能力，是确保思想政治教育微载体发挥最大效用的关键。

2. 受教育者

在移动网络环境下，大学生不是完全处于被教育和引导的地位，他们拥有极大的主体性，而且对网络技术的掌握明显略胜一筹。他们拥有较高的话语能力和话语权。从源头来看，思想政治教育是做人的工作，正是因为身处网络世界的人出现了各种问题和需要，才催生了各类微载体。了解大学生的需求和接受基础，就要了解网络环境下大学生的特征。网络环境下虚拟的生存方式为大学生提供了虚拟的生存背景，在这里大学生畅所欲言，表达欲前所未有的高涨。同时，大学生的思维方式更加灵活多变，更加凸显出质疑精神和对自我的关照。此外，网络的自由性和信息的丰富也催生了一系列的网络行为和网络文化，如网络社群行为、"饭圈文化"等。同时，大学生还拥有特殊的话语语系，如网络流行语等。

3. 教育情境

情境即情景、境地，是具体场合的情形。思想政治教育微载体的效用发挥总是发生在一定的教育情境中，教育情境会对微载体效用的发挥产生影响，比如当前的网络文化环境对教育者和大学生都会产生一定的影响，也影响着思想政治教育微载体效用的发挥。而且微载体发挥效用需要创设一定的情境，并非任何情况下都可以发挥效用，所以有效的教育情境是效用发挥的必备要素。这里要注意教育情境和教育环境不同，教育环境是一种客观外在，是思想政治教育活动系统中的影响因素，而教育情境则是为思想政治教育活动创设的，是为实现思想政治教育活动目的而创设的。教育情境一般是以一种背景姿态存在于思想政治教育活动中，潜移默化地对受教育者产生影响，促进教育目标的实现。

4. 科学技术

思想政治教育微载体的诞生，深植于人类需求的土壤中，尤其是随着互联网技术的迅猛发展，它为微载体的产生和发展注入了强大动力。可以说，科学技术的发展是微载体效用发挥的直接技术支撑。思想政治教育微载体对科学技术的依赖前所未有，若缺乏科技的支撑，微载体将无法存在。不仅如此，微载体还持续进行技术上的优化升级，以更精准地满足社会需求。因此，科学技术不仅是微载体效用发挥的基石，更是其不断进步的重要保障。

（二）过程结构

大学生思想政治教育微载体效用生成的过程总体来说是一个由认识到实践的过程，大体上按照"教育者目标确立阶段—教育者教育实践阶段—受教育者信息内化阶段—受教育者信息外化阶段"的环节展开。简单来说，教育者目标确立阶段主要是教育者从教育内容和对教育对象的把握来确立教育目标；教育者教育实践阶段是指教育者根据社会要求和对受教育者情况的把握，引导教育者思想和行为进行完善的过程；受教育者信息内化阶段是指受教育者对于教育者提供的思想政治教育内容和引导形成相应的认识，并内化为自己的思想和意识的过程；受教育者信息外化阶段则是指受教育者将内化的思想和意识进行外化，以此来指导自己进行行动的过程。同时，教育者和受教育者的认识和实践的过程又是密切联系的，他们的联系也并不仅仅是这种单线顺序的联系，而是互相叠加在一起，形成一个复杂的认识和实践系统。

1. 教育者目标确立阶段

教育者的目的是促使教育者对大学生的教育内容进行研究和把握，只有通过对教育情况的了解，教育者才能选择合适的教育时机和教育方法对大学生展开教育。就当前微载体利用而言，只有首先明确，通过对微载体的使用，教育者想要达到怎样的教育目的，想要实现怎样的教育效果，这样才能有针对性地利用微载体开展思想政治教育活动。

2. 教育者教育实践阶段

教育者根据教育目标和对大学生的认识，运用合适的教育方法，利用微载体对大学生进行教育。在这个阶段，对教育内容和注入方式的选择显得尤为重要，恰当的教育实践能够起到事半功倍的作用，而如果教育实践的过程没有充分和实际情况联系起来，就很容易出现教育效果大打折扣的现象。

3. 受教育者信息内化阶段

受教育者信息内化指的是受教育者对教育者提供的包含政治观点、思想体系、道德规范等的信息有选择地进行理解和吸收，转化为受教育者自己的思想认识，并作为行为依据和指导的过程。这种内化是一个持续的过程，首先大学生通过微载体关注到思想政治教育者提供的思想政治教育信息，对其中能够满足自身需要的部分产生兴趣，这是内化过程的起点。其次是对信息的理解，一般来说，思想政治教育者提供的信息会超过大学生的思想水平，这需要大学生在思想政治教育者的引导下对信息进行理解、分析和把握。最后是整合和吸纳，通过之前的理解，对信息进行梳理和整合，主动进行有选择的吸纳，将其融入原有的认识体系和知识结构中，并转化为自身意志，最终形成其行为指导。

4. 受教育者信息外化阶段

简单来说，就是将内部的理念、意志转化为外部的行动的过程，这一过程是微载体效用发生的最终环节。这一环节不仅包含大学生在利用微载体的过程中通过接受教育将新的认知转化为实践的过程，也包括在社会生活实践中反复践行认知，最终形成稳定的、良好的行为习惯的过程。这一阶段可以直接反映出思想政治教育的效用是否得到充分发挥。

(三) 评价标准

思想政治教育结果的有效性、过程的有效性、要素的有效性，构成了思想政治教育有效性问题研究的三个基本方面，这三个方面的研究是我们探索思想政治教育有效性实现规律的基础。此三者密切相关，缺一不可。必备要素处于理想化状态和效用生成过程有效是实现思想政治教育微载体效用的发挥的重要前提和保证，但是要素和过程的有效并不等同于思想政治教育微载体效用发挥得有效，要衡量思想政治教育微载体效用是否发挥，必须要将结果纳入衡量标准中。一般来说，效用衡量对应的尺度是需要尺度，因此对微载体效用评价的标准在于微载体效用的发挥是否满足各方面需要，以及满足各方面需要的程度。通过对结果的分析进而分析造成结果的要素和过程，有利于改善要素存在状态和过程发展状况，从而促进结果的优化。

1. 满足教育者需要

微载体能够满足教育者的教育需要，为培养和塑造大学生的政治素质和道德素养提供平台，实现立德树人的教育目标。影响教育效果的因素有很多，一方面，教育者在专业能力、认知水平等方面存在差异，对于微载体的运用受到个人条件的限制会显得参差不齐，即使利用了同样的微载体，也会形成不同的教育效果。另一方面，微载体和其承载的教育内容的匹配程度，也在很大程度上影响了思想政治教育效果。因此思想政治教育微载体能在多大程度上为教育者所用，是其效用发挥的重要前提条件，大学生思想政治教育微载体必须能满足教育者进行有效思想政治教育的需要。

2. 满足大学生需要

满足大学生需要是指教育者运用思想政治教育微载体，能够使大学生多方面的需求得到充分满足。具体而言，这些需求可以分为两个维度：社会维度和个人维度。

社会维度指的是，通过接受相关的教育，大学生能够正确认识和判断自身行为和社会现象，进而在理性选择的基础上形成符合社会发展要求的思想和行为。

这不仅有助于大学生个体融入社会，还能推动社会整体的进步和和谐。

个人维度则侧重于大学生在思想、行为等方面的不断发展。微载体能够持续满足大学生在成长过程中出现的更深层次的需求，如自我认知、价值追求、职业规划等。这种满足不仅促进了大学生的个人成长，也为其未来的生活和发展奠定了坚实的基础。

微载体的有效运用，必须建立在充分把握并满足大学生各方面需求的基础之上。这是评价微载体效果发挥程度的重要标准，也是提升思想政治教育实效性的关键所在。

3. 满足社会总需要

教育者通过言传身教的方式，向大学生传递思想、传授知识，促使大学生将这些内容内化为自身认知，并进一步外化为与社会发展需求相适应的行为。这种对社会需求的适应和满足主要体现在两个方面：一是满足社会认同的需要，二是满足社会动员的需要。

满足社会认同的需要意味着大学生在道德规范、价值观念等方面能够达成基本共识，并将这些共识内化为自身的认知，外化为对特定道德规范、价值观念的自觉遵从。这种社会共识有助于建立相对稳定的社会秩序，从而推动社会的平稳发展。

满足社会动员的需要则是指为了实现特定的社会目标，教育者能够恰当地利用微载体对大学生进行号召和发动。通过微载体，教育者可以有效地动员大学生积极响应，并共同朝着既定的目标前进。这是衡量微载体效用发挥程度的重要尺度。

简而言之，满足教育者的需要、满足受教育者的需要以及满足社会总体需要的有机统一，构成了思想政治教育微载体效用发挥的评价标准。当这一标准得到满足时，标志着思想政治教育微载体效用的充分发挥。然而，在现实生活中，这三者之间并不总是协调一致、相伴而行的。在某些特殊情况下，它们之间可能会出现相互排斥、相互冲突、相互否定的状况，这可能会影响到最终效果的实现。

因此，着眼于实践，对微载体效用发挥的现状进行梳理，厘清这三者之间的关系，消除它们之间的排斥、冲突和否定，实现三者之间的和谐稳定，是充分发挥思想政治教育微载体效用、提高思想政治教育实效性的重要举措。

第三节 大学生思想政治教育微载体效能的提升策略

一、遵循微载体效用优化基本规律

(一) 系统化与碎片化相统一

在移动互联网和信息技术迅猛发展的当下，碎片化已成为时代发展的必然趋势。碎片化确实带来了海量的信息，但同时也削弱了大学生的深度思考能力和信息鉴别能力，同时挑战了思想政治教育的权威性。然而，鉴于碎片化影响的双面性以及其不可避免性，思想政治教育者不应忽视或抵制碎片化，而是应巧妙应对、化弊为利。

一方面，教育者不应不加改造地全面迎合大学生的碎片化需求，因为这不仅不利于思想政治教育内容的传递，还可能消解其鲜明的系统性、理论性、逻辑性和完整性，进而削弱思想政治教育的效果。

另一方面，也不能无视思想政治教育微载体在传递内容方面"短小精悍"的特点，强行将系统化的思想政治教育知识生硬地注入微载体中。

因此，我们应当辩证地看待网络信息碎片化的发展趋势，既要坚持思想政治教育根本思想和内容的理论深度和思维广度，也要实现系统化与碎片化的有机统一。教育者应当主动接受和了解碎片化，同时善于利用其优势，在海量碎片化的信息中萃取满足大学生需求和期待的优秀教育资源。通过分类归纳和整合梳理，结合教育者深厚的理论功底和熟练的教学技巧，将这些碎片化的信息整合为系统化的教育资源。

此外，教育者还应有意识地培养学生的整体思维和深度思考能力，促进思想政治教育思想在移动互联时代的有效传播，以应对碎片化带来的挑战，并充分发挥其潜在的积极作用。

(二) 虚拟性与现实性相统一

一方面，在网络空间中，思想政治教育活动具有明显的虚拟性，即思想政治教育者具有虚拟性，受教育者即大学生也具有虚拟性，甚至开展思想政治教育工作的载体和网络环境也是具有虚拟性的。另一方面，思想政治教育本身是现实性的，来源于现实又服务于现实，并且关注的是现实的人。这两方面表面看似有矛盾之处，但是实则有内在的紧密联系，并且恰恰体现了思想政治教育能够充分实现虚拟性和现实性的统一。网络空间中的思想政治教育虽然具有虚拟性，但是其并非与现实世界割裂的，而是来源于现实，并在一定程度上超越现实，最终又回到现实。而现实中的思想政治教育面对互联网的冲击，也能充分转换形态和方式融入互联网，在虚拟世界中展开活动。这种虚拟性和现实性的统一也体现在大学生的实践活动中。在当前，大学生长期沉浸于互联网世界中，利用思想政治教育微载体丰富虚拟实践活动，充实精神生活，这种虚拟生存状态深刻地影响和塑造着大学生的现实生存状态，甚至挤压现实生存空间，而且过分的虚拟化会造成人与人、人与社会关系的疏离，让人产生孤独感和焦虑感。因此，思想政治教育者必须控制好大学生虚拟生存的限度，必须坚持虚拟性和现实性的有机统一，既不能刻意回避二者的冲突，也不能简单粗暴地牺牲其中一方去适应另一方，而要注重协调配合，和谐互动。既要尊重和鼓励大学生在虚拟世界的充分自我展现，又要时时把控好大学生虚拟生存的限度，引导大学生在实践中从虚拟回归现实，实现大学生的全面自由发展。

（三）开放性与凝聚性相统一

网络技术本身确实具有显著的开放性，而在网络实践活动中，人们往往能够基于特定的驱动因素形成各种群体，这确实体现了网络开放性与凝聚性的统一。同时，网络社会的凝聚呈现出一种分散化和去中心化的特点，这与思想政治教育通过特定方式和手段，将分散的个体在思想上凝聚起来，形成强大的社会力量的过程，呈现出明显的对比。

思想政治教育者在此背景下，必须充分发挥其引导力。在利用思想政治教育微载体时，既要坚持开放性和凝聚性的统一，积极利用互联网的信息优势，把握大学生的思想动态，并与他们保持密切联系；又要帮助大学生在信息洪流中保持清醒的头脑，主动抵制不良信息，坚定地选择社会核心价值的引导，以实现个人的全面发展。

(四) 互动性与主导性相统一

相较于传统思想政治教育课堂的单向传输，微载体显示出双向沟通的充分互动性。在思想政治教育微载体中，大学生凭借熟练的操作技巧和敏锐的互联网思维，游刃有余地辗转于各个微载体平台中，寻求知识、展开社交、展现自我、倾诉情绪。而思想政治教育者也能通过微载体与大学生保持密切的联系，了解大学生近期生活动态和思想情况，在此过程中潜移默化地塑造大学生的思想观点和社会价值。不像传统思想政治教育活动中教育者对于教育活动过程、活动资源等的绝对掌控，存在于思想政治教育微载体中的思想政治教育活动则展现出更强的平等性和交互性，大学生可以充分发表自己的看法，并且能在很大程度上选择是否接受教育以及接受哪种教育，在选择的过程中，有可能会转向错误选择。这种高度的自主选择性容易弱化思想政治教育者的声音，削弱思想政治教育的效果。在利用微载体开展思想政治教育的过程中，必须坚持互动性和主导性的统一。一方面要顺应教育环境新变化，从单纯的讲授者转变为有引导力的沟通者；另一方面也要明确自己的主导地位，在复杂的网络社会中保持坚定的思想理念和政治立场，把握思想政治教育的根本方向，坚持真理，尊重事实，对错误思想和行为及时引导和指正，避免思想政治教育最终效果的变形。

二、提升教育主体微载体应用能力

（一）提升教育者主体意识与主体能力

1. 增强思想政治教育微载体的应用意识

在当前网络社会，大学生与网络的关系密不可分，因此，要深入了解大学生，必须重视思想政治教育微载体的应用。然而，目前看来，教育者在微载体的应用上仍缺乏足够的主动性。尽管许多从事思想政治教育的工作者已经开通了微信、微博、抖音等个人账号，但这些账号主要被用作社交和通信工具，而用于传递思想政治教育信息的情况相对较少，具有较大影响力的个人账号更是罕见。

教育者对微载体的利用大多还停留在工具层面，这种态度不利于深入了解大学生的真实生活状态，也不利于及时把握社会的最新动态。因此，教育者需要正视微载体的作用，积极利用这些平台发声，将已有的知识和理论以生动的方式呈现，通过微载体与大学生进行深入的知识和理论探讨。同时，应将线上与线下教育紧密结合，利用大学生的反馈来不断改进教学方法，从而促进教育效果的最大化。

2. 增强思想政治教育微载体的应用能力

微载体在信息发布和接收方面极为便捷，思政教育者能很快上手，而如果想通过发布信息成为公众关注的焦点，引起大家的注意，就必须以精妙的形式提供优质的信息，这样才能迅速引起接收者的注意，否则，信息的辐射范围就较为有限，并且难以形成持久的影响力。比如通过抖音进行思想政治教育时，思想政治教育者对于视频制作不够熟练，对素材选取和整合也不够擅长，导致做出的视频作品比较粗糙，难以形成强烈的感官刺激，即使"干货满满"，也容易被其他精心制作的视频冲刷掉。因此教育者必须主动学习思想政治教育微载体应用技能，迅速了解不同微载体的特征、功能和受众特点，提高微载体内容制作编辑能力、微载体运行操作能力，掌握对视频、音频、图片、文字等的处理方法，把握不同的思想政治教育微载体内容传播的效果、规律和特点，在此基础上针对不同受众投入有针对性的思想政治教育内容。

（二）培育大学生媒介素养与理性认知

1. 加强对大学生的媒介素养教育

"大学生是推动未来数字中国经济社会建设的宝贵人才资源，其媒介素养整体状况攸关数字中国的高质量发展。"[1] 所谓媒介素养，是指公众接触、解读、使用媒介的能力与水平。加强媒介素养教育，旨在使大学生能够清晰地认识微媒体，并正确使用微载体。滥用微载体可能导致多种风险，例如，大学生长期受互联网环境影响，可能对虚假信息和错误信息的辨识能力降低；或因好奇心而浏览不良网站或链接；或沉迷于网络社群，导致思维浅显化、判断情绪化、行为极端化等。

因此，引导大学生提升媒介素养，正确看待和文明使用各类思想政治教育微

---

[1] 包天强.全媒体时代大学生媒介素养教育进阶理路[J].青年记者,2023(24):119.

载体，显得尤为关键。基于此，一方面，官方教育组织可以利用各类微载体，开设媒介使用微课堂，通过生动的课堂展示，强化大学生文明使用媒介的意识。另一方面，可以积极利用网络意见领袖的作用，尤其是一些具有较大影响力的官方微载体账号，在日常信息推送中加入媒介素养教育的隐性宣传，使大学生在日常生活中潜移默化地形成文明使用思想政治教育微载体的习惯。

2. 引导大学生加强自我教育

思想政治教育者的引导和规范能让大学生认识到提高媒介素养的重要性和必要性，并及时调整自己的行为以符合网络社会发展的需要，但是要想让大学生养成长期的文明使用思想政治教育微载体的习惯，还需要大学生充分调动自己的主观能动性，主动开展自我教育，将教育者的引导内化于心、外化于行，自觉提升自己的媒介素养，这样才能保证思想政治教育和引导的有效性和持续性。具体来说，一方面，大学生要对自己的网络行为有一个清醒的认识，意识到自己作为网络社会的一员，不仅是网络信息的接收者，也是网络信息的发布者和传播者，自己的一言一行都会对网络社会产生影响，因此要明确责任，文明使用思想政治教育微载体，积极传递正能量；另一方面，大学生要擦亮眼睛，提高对错误信息、虚假信息的敏感度，避免被非理性的情绪渲染而发表不当言论，触碰法律红线和道德底线。所谓"谣言止于智者"，要做到理性面对，不信谣、不传谣，大学生要主动培养文明良好的媒介使用习惯，在使用媒介的过程中要明确自己的需要，提升自我学习能力、思考能力、创新能力，提高独立思考的能力，避免被各类思想政治教育微载体的大量信息支配。

三、多角度优化微载体应用方式

（一）结合微载体特征创新承载内容

在当今信息爆炸的时代，优质内容如同璀璨的明珠，在碎片化信息的海洋中熠熠生辉，成为吸引和说服大学生的关键。思想政治教育微载体，作为这一时代背景下的重要工具，其效用的发挥更是离不开对内容的精心规划和创新。

第一，优质的内容是思想政治教育微载体吸引大学生关注的基石。在海量信息中，只有那些能触动人心、引发共鸣的内容，才能在大学生中引发广泛关注和讨论。因此，在内容选取上，我们必须下足功夫，确保所选内容既具有教育意义，又能够贴近大学生的生活实际，满足他们的精神需求。

第二，内容的创新是思想政治教育微载体保持活力的源泉。在信息更新速度极快的今天，如果没有新颖、有深度的内容，微载体很快就会失去吸引力。因此，我们必须不断挖掘新的教育素材，结合微载体的特点，进行内容的创新和优化。这包括在形式上寻求突破，通过图文、视频、音频等多种形式展现内容，让大学生在轻松愉快的氛围中接受思想政治教育；在内容上追求深度，通过挖掘社会热点、解析历史事件等方式，引导大学生进行深入思考，提升他们的思辨能力和批判精神。

第三，我们还需要注意"因地制宜"地选择讲述内容。不同的微载体有不同的受众群体和传播特点，我们要根据微载体的具体情况，选择合适的讲述内容。例如，在社交媒体平台上，我们可以选择那些能引起大学生共鸣的话题，通过互动、讨论等方式，激发他们的参与热情；在校园网站或官方微信公众号上，我们可以发布一些权威、专业的教育资讯，帮助大学生了解最新的教育动态和政策。

（二）巧用议程设置抢占宣传制高点

将议程设置应用于思想政治教育微载体利用过程中，主要是借鉴其在内容筛选方面的作用，通过设置具有引导力和现实意义的议题对大学生进行精准有效的思想政治教育引导。在互联网迅猛发展的今天，网络议程设置的使用已经相当普遍，而思想政治教育微载体由于其高度自由性和受众广泛性，已经成为开展网络议程设置的绝佳场所。思想政治教育微载体容纳的信息极其丰富，各种思想和价值在这里众声喧哗、莫衷一是，要想保证思想政治教育在网络环境中占领宣传高地，就必须积极利用网络议程设置，把握网络内容传播的规律和机制，适时抛出恰当的议题吸引大学生的注意，旗帜鲜明地表明立场，激浊扬清，引导大学生的思想，帮助大学生在鱼龙混杂的信息冲击下保持清醒的头脑，主动接受正确思想的武装。

用好网络议程设置就要设置优质的公共话题，所谓优质，是指公共话题要具备高度的讨论价值、引导价值和深刻的内涵。而真正优质的话题一定来源于社会生活实践，开展议程设置要求思想政治教育者时刻保持高度的敏感性，对时政热点、社会问题、公共事件保持高度的关注，对于造成社会影响力的公共事件做到迅速发声，第一时间掌握网络议程设置的主动性和主导权，有理有据地批驳错误观点，指明正确道路，推动公共议题讨论的正向发展，彰显思想政治教育的指导力量，实现思想政治教育的预期目标。同时，议题设置并不是一味地越大越好，一些与大学生日常生活紧密相关的小议题反而显得富有人情味和亲切感，更容易获得大学生的关注和参与。这就要求思想政治教育者能将二者有机统一，既能坚持思想政治教育本身的深刻性和展开宏大主题，展现主流话语的影响力和引领力，同时也要接地气，关照于大学生的日常生活，在一言一行中言传身教，以小见大，切实解决大学生面临的各种困难，拉近与大学生之间的距离，实现思想政治教育的最终目标。

（三）善用日常教育保证教育持续性

思想政治教育微载体的运用为思想政治教育提供了更为多样化的教育形式。鉴于其传播具有全天候、全过程、全方位的特性，教育者可以充分利用这些微载体进行日常的思想政治教育，致力于对学生进行全方位的、持续的引导。

第一，要保证思想政治教育内容和信息发布的频率。目前，许多高校拥有官方微博、微信公众号、抖音账号等官方微载体平台，但普遍存在内容更新频率低、吸引力不足的问题。虽然由在校学生推送内容可以拉近与大学生的距离，但这也可能导致教育质量的不稳定。特别是，官方微载体平台在非特殊时间节点和重要事件中的更新速度较慢，容易在信息洪流中被忽视，导致关注度逐渐降低。因此，官方微载体不仅要积极创作具有思想深度和学科特色的内容，还要及时提高内容推送的质量和频率，以保持平台的持续吸引力。

第二，要积极利用连续性话题确保思想政治教育内容的连贯性。受互联网时代碎片化信息的影响，许多官方微载体平台的信息呈现出碎片化特征，这不利于增强用户黏度和实现持续性的教育效果。教育者可以充分利用内容的连续性，编辑具有连贯性的推送内容，通过增加内容之间的联系和互动，在保证质量的基础上形成持续的影响力，从而提高官方微载体的用户黏性。

第三，要定期开展线上活动以保持持续的吸引力。教育者可以利用微载体在适宜的时间节点定期开展生动有趣的线上活动，积极引导大学生参与，形成持续性的线上反响。同时,可以寻求与其他官方微载体的互动,开展联合活动,以增强活动效果和影响力。

四、运用多种技术彰显微载体功能

(一) 运用大数据和个性化定制,开展精准教育

大数据是挖掘不尽的宝藏。大学生思想政治教育微载体广泛保存着大学生网络生活的丰富数据,是分析大学生思想轨迹、行为特点的重要资源。但是由于思想政治教育微载体包含的信息过多过杂,以往的分析技术难以真正全面地对相关信息进行整合和分析,而大数据分析的出现则有效解决了这一问题。在利用微载体开展思想政治教育的过程中,大数据能从整体上收集数据,通过专业人士对数据的筛选、整理和分析,可以获得许多以往从来没有注意到的相关关系,并看到其在大学生思想政治教育过程中的重要影响和独特价值,在掌握详细、充分的信息的基础上针对大学生进行个性化定制,有的放矢地提高大学生的思想政治教育素养。

一方面,通过对思想政治教育微载体承载的相关信息进行大数据分析,能够实现对大学生思想轨迹和行为趋势的预测,未雨绸缪地进行思想政治教育。管理学中将控制分为"前馈控制""现场控制"和"反馈控制"三类,其中"前馈控制"是在活动之前进行预防,用于防止或减少偏差的出现。大数据分析的一个重要特点就是有效的预测性,能够及时梳理出大学生在一定时期内的思想轨迹和生活状态,对于大学生可能出现的思想和行为倾向进行分析和预测,并将相关的信息反馈给教育者,帮助教育者做出正确的决策,有效突破了传统思想政治教育反馈具有一定滞后性的问题。

另一方面,利用大数据分析更好地实现网络环境下教育的"私人订制",从传统教育思想中的"因材施教",到近年来提出的"个性化教育"理念,都强调了要根据个体在学习和接受上的差异性进行差异化教学。对大学生开展思想政治教育也不能是千篇一律地灌输,而应该有针对性地对大学生进行教育。通过思想政治教育微载体提供的庞大信息库,利用大数据分析能够获得足够的信息资源,教育者对这些信息资源进行分类整理并制订出符合大学生关注点的重要信息和思

想政治教育内容，在共性中把握个性，对大学生开展针对性引导教育，满足大学生的多样化需求。

（二）提高舆论甄别和过滤技术，隔绝信息污染

鉴于当前大学生对各类微载体的高度依赖性，为了保证大学生安全上网、健康上网，必须对网络有害信息进行精准识别和精细过滤，筑牢隔绝不良信息的"防火墙"，防止有害信息侵害大学生的身心健康。对于思想政治教育微载体内容的甄别和过滤，确实需要更加有效的技术支撑。

首先，各个微载体创建方应积极开发微载体运行过程中的信息实时监控和过滤程序，运用智能识别技术迅速捕捉并拦截不良信息，防止其进一步扩散，减少信息污染的范围。同时，应提高程序设定的智能化水平，在识别和过滤精度上持续优化，避免信息拦截错误或失效的问题。

其次，应针对微载体内容的特殊性，积极开发针对性更强的信息过滤和拦截应用程序。当前，虽然信息拦截程序已被广泛地应用于网络信息安全保障过程中，如高校校园网中的不良信息拦截程序，但面向个人用户的专门信息拦截软件在过滤防护效果上仍有局限。大部分此类软件主要拦截垃圾信息，如购物推送和骚扰电话，对微载体内部的内容过滤和甄别作用有限。因此，针对微载体内容的信息过滤应用程序或程序的安全加固级别亟须提高。

最后，应综合运用文本过滤、图片过滤、视频过滤等多种手段，精准识别敏感内容，加强数字内容的风险控制，以切实保障思想政治教育微载体的内容安全。同时，也应加强用户的安全意识教育，提高他们主动防范网络风险的能力。

（三）跨载体融合与搭建传播矩阵，提高整体性

在当下数字时代的浪潮中，高校在思想政治教育领域正积极探寻新的传播渠道，力求通过微载体打造全网传播矩阵，以此增强品牌建设。然而，不得不提的是，当前思想政治教育微载体之间的联动尚未形成有效的机制，多数时候还是依赖于用户的主动跨载体传播。

用户是信息的传播者，也是信息的接收者。当他们在网络平台上遇到一则触动心灵的教育视频时，内心的共鸣会促使他们进行分享，从而将这些信息传递给

微信、微博等平台上的其他用户。然而，这种传播方式受限于用户的个人感受和分享意愿，其随机性和不确定性较大，难以形成稳定而持续的影响力。

针对这一问题，高校应当深入探索如何利用技术手段，确保思想政治教育信息在不同微载体之间流畅地流动和连接。这不仅是一个技术问题，更是一个战略问题。通过技术手段，我们可以实现信息的快速传递和广泛覆盖，使更多的用户能够接收到这些信息，并产生共鸣。

同时，传统载体和新兴载体之间的互动和联合还存在诸多不足。目前，线上线下载体之间的互动大多停留在利用新媒体进行教学等简单层面，缺乏深度和广度。因此，高校需要进一步加强技术支撑，提升不同载体之间联系的紧密度，发挥各自的优势，形成互补效应。

五、强化网络监管构建全面有效体系

要全面加强网络安全保障体系和能力建设，并将维护网络安全纳入国家安全体系和能力建设范畴。因此，要想充分发挥思想政治教育微载体的各项效用，就必须保障其所处的复杂的网络空间的安全稳定，为此需要从制度层面、监督层面、激励层面和反馈层面进行全面提高，为保障思想政治教育微载体效用的充分发挥提供法律保障。

（一）建立完善的制度规范和保障体系

首先，要紧紧依托现有法律法规和政策规范，在现有法律法规的允许范围内保障思想政治教育微载体的安全运行，通过各部分相互配合与合理衔接，促进思想政治教育的有效展开。其次，要针对当前思想政治教育微载体发展过程中出现的应用问题和公众关切的焦点问题进行深入评估和分析，并积极推动相关制度规范的拟订。最后，要做好责任落实问题，在优化思想政治教育微载体运行和管理机制的同时，将责任层层划分，还要加强对责任落实的监督检查。

（二）增强网络监督及正向激励机制

依法加强网络空间治理，对于为广大网民特别是大学生营造一个风清气正的网络空间至关重要。在缺乏有效管理和控制的移动互联网络舆情环境下，虚拟舆论场域可能会出现混乱，进而对社会思想根基造成冲击。因此，对于思想政治教育微载体的利用，我们既要强化网络舆情的监督，及时发现并纠正错误言论和有害言论，又要积极鼓励和支持正面言论与弘扬社会核心价值的优秀作品以及创作这些作品的个人和组织。通过杜绝错误与鼓励正面并行的策略，为构建思想政治教育微载体的绿色和谐网络氛围提供坚实的保障。

一方面，我们应积极关注各类微载体的信息动向，特别是那些具有广泛话题讨论功能的微载体，如微博热搜榜。这些平台往往是信息聚焦的中心，社会热点事件发生时，往往能迅速成为公众关注的焦点，引发广泛讨论。在这种情境下，偏激的观点很容易激化公众情绪，甚至会导致舆论失控。长此以往，这可能会使身处其中的大学生失去理性判断能力，产生情绪化思考和从众心理。因此，我们必须对思想政治教育微载体进行实时舆情监控，对言论失控现象进行及时感知和迅速应对。

另一方面，对于网络社会中出现的好人好事、优秀主流价值作品，我们要给予大力支持，以激发社会效仿和激励作者创作，从而形成良性循环。网络安全不仅关乎人民利益，也需要人民的共同维护。加强网络舆论监督，必须依靠群众的力量。我们要培养公众对不良信息、有害言论的零容忍态度，鼓励他们充分发挥自己的作用，参与广泛的舆论监督，共同维护我国主流意识形态的安全。

（三）完善事前预警及全程反馈机制

传播学中的"首发效应"强调首发信息对受众产生的巨大影响，这些先入为主的信息能够迅速占据人的心智，对人产生深刻且持久的影响，甚至影响人对后续事件或信息的判断。一旦这些信息进入大众意识，再想扭转和改变确实较为困难。

当前，思想政治教育微载体为用户提供了极为丰富的多元信息，同时也赋予了每个人自由发声的权利。在这样的背景下，网络信息监测预警机制和网络社会公共事件预防机制的重要性不言而喻。

因此，建立健全思想政治教育微载体的事前预警机制至关重要。我们应未雨绸缪，及时介入，在网络社会公共事件发生之前，根据信息动态和趋势对网络公共事件进行详细分析和对策讨论。同时，积极回应社会关切，发布权威信息，第一时间掌握话语主动权，以防范网络社会秩序混乱导致的信任危机。

除了事前预测和提前干预，事中和事后的实时反馈同样重要。若危机事件的发生已无法避免，或已发生，我们应迅速跟进，进行必要的引导。在舆论平息期，也要持续跟进相关引导和教育，防止别有用心者散播消极、虚假信息，误导公众，造成更广泛的负面影响。

第五章 微时代背景下大学生思想政治教育方法的创新路径

第一节 心理共鸣与情感联结——结合微心理的教育方法创新

"大学生的社会心态具有很强的时代性、被感知的特征,社会情绪是人们在社会情境的直觉基础上,通过群体成员之间的相互影响、相互作用形成的一种态度体验。微时代下碎片化的表达方式,呈现出内容易懂易读、浅层化的特点,具备这一特点的内容极容易在微媒体中传播,如果再有别有用心之人的错误诱导,极容易滋生不良的社会心态,乃至形成错误思潮。"[①] 教育工作者要与时俱进,充分利用微媒体赋予的便利条件开展微心理教育,通过不断加强思想引领,夯实队伍建设,创新教育手段,完善伦理标准等融合路径,促进微媒体与思想政治教育联合育人。

微媒体是在新媒体基础上衍生出的具有强大整合力和高效传播力的新事物,微信、微博、微课、微视频等微媒体已占据高校教育管理的主流,对大学生的思维方式、心理倾向、行为习惯和价值理念等都产生深远影响。"准""广""多""快"的特征,使其成为维持和拓展线下亲密关系和学习实践的重要手段,颠覆了传统的相处模式和学习理念,造就复杂交错的高校心理健康教育外部环境,对现有教育载体、教学模式、工作队伍等均带来挑战。面对"微媒体"所承载的新的话语形式,思想政治教育要取得良好效果,占据大学生心理交锋的主阵地,需要运用各种新型媒体手段不断创新和完善各项工作。微心理育人即借助微媒介开展心理健康教育活动,让心理健康知识能够融入学生的日常学习生活中,落实落细落小各项心理育人举措,让校园心理文化能够浸润人心,更具渲染力。新时代

---

① 陈晓琳."微时代"大学生思想政治教育创新研究[D].沈阳:辽宁大学,2017:34-35.

高校首先应该明确微媒体的价值特征以及对学生心理健康教育的影响，并且深度了解心理健康教育环境和机遇，树立微心理育人理念，这对高校研究如何在微媒体背景下有效开展心理健康工作是一种积极探索。

一、高校微心理教育的新机遇

（一）微媒体应用塑造微心理育人新场域

在信息技术的推动下，现代人的行动正在逐渐摆脱场景束缚、时空分离进而产生"脱域"。在微媒体环境下，学生借助网络社交媒体聊天、交流乃至接受网上远程教育，突破了以往人们在获取和传播信息上的时空限制，实现了吉登斯所谓的"脱域化"。传统心理健康教育，受限于时间和空间，覆盖面相对较窄，但"脱域化"所带来的线上空间延展，为心理健康教育"破圈"提供了新场域。在这里，内容生产和传播模式可以通过多方位的互动实现"供给侧结构性改革"，不仅仅有利于扩展心理健康教育的受众，也能提升心理健康教师新形势下的网络话语权，避免"去中心化"困境。

（二）微媒体传播促成微心理育人新载体

社会学家格兰诺维特将亲朋好友等社会网络同质性较强的关系称为"强关系"，反之异质性较强的关系为"弱关系"。弱关系的本质在于信息传播和网络结构关系的建构，体现出信息传播的广度与深度。网络社交媒体便捷多样，构建起大量成本近乎为零的弱关系，这为大学生通过维系弱关系、寻求信息或资源传播与交换提供了新的选择。弱关系构建起网络社交的高速公路，高校心理健康教育知识得以通过各类微媒体传播给更多学生群体，心理健康教育的覆盖面因此得到不断扩大。同时，微媒体带来越来越多图像化、数字化、碎片化信息，短文字、语音、表情包等成为重要交流载体，心理健康教育需抓牢这些多样化的新载体，将图、像、声、文等融入微心理育人，借助"弱关系"所形成的广泛社交网络，吸引更多学生主动参与。

（三）微媒体环境孕育微心理育人新理念

微媒体环境下，高校信息传播实现了从"一对多"到"多对多"的转变，大学生"人人都是麦克风,个个都是自媒体"。在这一过程中,微博、微信、抖音等微媒体为大学生通过微语言发声实现自我表达提供了多种途径,他们可以独立、平等、自由地发布、评价、转载和讨论信息,不仅获得更多展示风采的机会,持续激发个体的成就感,也打破了以往教育主客体之间"说者"与"听者"自上而下的教育信息传播关系。微心理育人可以借势发展,实现教育理念由"静态单向灌输"向"动态双向互动"转变。高校心理咨询师以及其他教学主体不仅简单地扮演着"通知推送者"的角色,更要主动培养媒体意识,建立新型主体间平等互动共享模式,善于借助各类微媒体与学生开展全方位、多维度、深层次的启发探索式交流,准确把握他们的思想脉搏,有针对性地开展疏导。

(四) 微媒体时代迎来微心理育人新转向

思想政治素养和心理健康是个体拥有健全人格需具备的基本条件,思想政治教育与心理教育二者有机统一、不可分割。当前,"大思政"工作理念深入人心,推进"育心育德相融合"成为共识,"心理育人"已经成为大学生思想政治教育和心理健康教育科学融合的新转向。高校心理健康教育要拓展理论深度与发展空间,就必须牢牢把握"育心育德相融合"这一关键核心。在微媒体环境下,网络思想政治教育已成为高校思想政治教育的重要组成部分并得到丰富的实践。通过"云思想政治",图、文、影、音相结合的教育内容更为鲜活地展现在大学生面前,实现在感性上吸引人、在理性上教育人,在与大学生形成广泛情感联结的同时增强教育的传播力与时效性。网络思想政治教育的丰富经验为微媒体时代下心理健康教育提供了更为生动的参照。"微心理"与"云思想政治"的深度协同为拓宽心理健康教育思路提供了新视角。

二、高校提升微心理育人质量的方法

(一) 强化理念引领,拓展"大思政"协同教育空间

在微媒体背景下,心理育人需要以深度融合为导向,与思想政治教育形成系统性、科学性、协同性联动,推进心理健康教育从"单打独斗"向"协同作战"

转化。大学生心理健康教育必须主动介入和加强运用微媒体的能力，抓好主流意识形态传播，不断提高舆论引导水平和应用能力。泛娱乐化和主体隐匿化的环境导致信息过度表达，心理健康与思想政治话语文化教育功能都进一步被弱化，利用微媒体多视角、全方位、个性化特点与传统传播方式优势互补，在重大问题和热点领域牢牢掌控主导权，抢占思想引领的制高点，形塑新的社会心理文化，维护大学生价值秩序。此外，在微传播的过程中，需要不断强化教学组织机制功能，把时事政治更好地融入思想政治与心理课堂，"课程思想政治"与"课程心理"并举，及时捕捉大学生心理状况与思想活动的变化，从而做出及时、精准、客观的舆情研判，为增强心理健康与思想政治教育话语甄选的引领力、主题采用的吸引力、内容表述的趣味性和文风设计的艺术性注入新活力。

（二）重视团队建设，构建微心理育人体系

微心理教育品牌的打造既需顺应微时代的传播理念，更需要适应传播要求的复合型人才，因此需要在管理体制、人才培养、评估激励机制等方面创新改革。

第一，亟须引进和培养一大批思想过硬、理论扎实、业务娴熟的心理工作者和微媒体管理人才，凸显师资队伍的专业化和多层次化，不断提高教育者自身媒介素养和胜任力。

第二，在不少高校教育体系中，心理健康教育相较于思想政治教育仍处于弱势地位，心理健康教育仅是一项公选课而非必修课，因此需要进一步明晰职责划分与课程设置，完善心理育人的基础保障。

第三，微媒体心理育人的实际效果需要在实践中进行科学评估，不仅包括对课程教学及活动实施效果的评估，也包括对微媒体作品是否科学合理的评估，不能仅仅关注粉丝量、发布量、浏览量等统计数据，应制订相应的评估细则，通过大数据智能技术定期对微媒体心理作品进行影响力评判，构建微媒体讲时效、讲格调、讲品质长效反馈机制，确保微心理教育活动收到实效。

（三）完善平台架构，深化微心理育人内涵

"互联网+"的发展让高校心理健康教育工作面临着话语权的争夺和教育手

段创新的问题，大学生热衷使用微媒介收发信息，高校应当充分创新、尽快实现传统媒体和微媒体在内容、形式、运营、管理等方面从"相加"到"相融"。

第一，加快构建校园心理健康教育微媒体平台系统，全方位、立体式地开展大学生心理健康教育，充分发挥官方微媒体的宣传普及教育功能。

第二，充分借鉴和运用微媒体强渗透的话语传播模式进行教学手段创新，改变课堂内外传统的话语表达方式，运用大学生喜闻乐见的"微话语"体系，走出"独白"困境，形成师生多层次深入互动沟通、虚拟与现实相互渗透的话语传播格局，增强心理健康教育的广度与深度，及时捕捉和了解学生的心理微动态。

第三，聚焦品牌建设，打造与大学生关注的内容同质、同步、同程的有内涵、有信度、有效度的微媒体精品，推荐具有标杆作用的同伴力作，发挥大学生同辈群体的榜样效应，使大学生脱离教育者主客体间关系的局限，通过平等互动，积极引导大学生向模范学习，在交流中共同进步。

（四）深化伦理建设，提升大学生心理关怀

高校心理健康教育的对象是成长中的青年，因此教育伦理应体现出大学生成年早期发展阶段、身份上的特殊性，在进行心理健康教育和心理咨询的过程中，应将绝对保护与相对保密相结合，重塑道德伦理。

第一，完善微媒体隐私信息限制利用制度，制定工作纪律，建立伦理标准，出台对心理从业人员具有高约束力、科学详细的规范。一方面，确保心理咨询内容不被非相关工作者不恰当地接触或暴露在共享平台中，防止隐私泄露；另一方面，微媒体应切实加强在个人信息知情同意和特定目的限度利用制度，对所有公布信息合理、合度、合法的使用必须是经本人同意或经严格程序许可。

第二，将柔性科学引导与刚性示范中立相统一，加强对大学生群体的三观建构的影响，引导的方式可以更加弹性、温和、包容，达到让大学生自发、自觉向正确的价值观靠拢，深化心理健康教育的效果。

第三，明确心理工作者的角色位置，避免多重关系带来职业伦理的矛盾。工作内容的交叉在学生管理与服务的过程中造成的问题是责任的混乱与学生信任的

缺失，要明确专职心理教师和辅导员的职责分工，利用互补性来更加有效地对学生心理问题以及心理危机进行预防与干预。

微媒体技术的发展给高校育人工作带来了无限的发展空间，微媒体的影响已经渗透到了大学生身心发展的方方面面，成为他们不可或缺的一种生活方式。依托微媒体资源实现微心理教育是提升高校心理育人工作发展的必然途径和战略选择。打造心理健康和思想政治协同教育育人格局，完善评估和伦理建设机制，紧扣学生成长规律、心理育人规律、网络时代规律，促进"传统"与"创新"的有机结合，形成微心理全过程、全方位育人体系。加强心理健康教育的话语权，实现心理健康教育效果的最大化，营造良好校园心理文化，对促进高校微心理育人质量具有重要参考价值。

具体而言，思想政治教育工作者应该积极引导，主动营造良好的微心理、微情绪，结合微心理增强大学生对思想政治教育的认同，以使大学生养成稳定、平和的健康心态。

一方面，通过榜样示范，在微空间中传播社会主义核心价值观和主流意识形态，树立正确的舆论导向，善于利用微网络，整合微资源，传递正能量，发挥微媒体对社会心态的正面引导作用。通过宣传充满正能量的人物，利用微博、微信朋友圈的分享，传播典型人物，发挥榜样作用，触动大学生的积极心理，引起情感共鸣。制作宣传社会主义核心价值观的小视频，使大学生在审美愉悦中调整社会心态，通过隐性教育的方法和内在的渗透作用优化大学生的社会心态等。

另一方面，通过情感交流，令大学生与思想政治教育者产生同情共感。利用微媒体、微空间进行思想政治教育，不是单纯、冰冷的知识、学问的传授，更应该是人与人之间的情感交流。思想政治教育工作者要关注大学生的情感特点和需要，通过建立微信息反馈机制，了解大学生关注的重点、难点和焦点问题，及时疏导不良的社会情绪和不健康的社会心态，畅通大学生表达自己利益诉求、心理需要的渠道，令大学生感知积极健康的社会心态带来的美好体验，从而形成对思想政治教育的理性认知和情感认同。

第二节 价值选择与引导——利用微选择进行教育的价值引领

在微时代，随着微媒体的蓬勃发展，社会思潮的生成与传播呈现出新的格局。微媒体作为信息传播的重要平台，其影响力日益显著，成为社会思潮的主要孕育场。在这一背景下，思想政治教育工作者需要敏锐地把握微时代的特征，充分利用微媒体平台，有效引导大学生进行价值选择，进而推动社会主义核心价值观的深入人心。

微选择，作为一种新兴的概念，强调的是在微媒介环境下，通过精心设计的微内容，引导大学生进行价值判断和选择的过程。在微时代，信息传播的碎片化、即时性和互动性等特点，使微选择成为一种更为灵活、高效的价值引领方式。为此，思想政治教育工作者需要把握微选择的精髓，结合微时代的特性，精心策划和设计微内容，以确保社会主义核心价值观在传递过程中的亲和力和感召力。

第一，微时代的内容碎片化特点要求思想政治教育工作者必须创造出大学生容易接受、喜闻乐见的微内容。这意味着在内容的选择上，要贴近大学生的生活实际，关注他们的需求与兴趣，用简洁明了、生动有趣的方式呈现社会主义核心价值观。同时，在内容的表达上，要注重情感的融入，让大学生在接收信息的过程中，能够产生情感共鸣，从而增强对社会主义核心价值观的认同感和归属感。

第二，在微选择的过程中，思想政治教育工作者需要发挥其在微时代的价值引领功能。这要求他们不仅要将社会主义核心价值观转化为大学生个体的价值观，更要通过微媒体平台，引导大学生在实际生活中践行社会主义核心价值观。为此，教育工作者需要注重价值教育过程的平等性，尊重大学生的主体地位，强调他们的内心情感体验。通过微媒体平台，与大学生进行深入的互动交流，了解他们的思想动态和价值困惑，及时给予解答和引导，帮助他们树立正确的价值观念和理想信念。

第三，面对微媒体上良莠不齐的海量信息，思想政治教育工作者需要承担起信息筛选和加工的重任。他们需要对复杂、冗杂的信息进行筛选和过滤，剔除那些不利于社会主义核心价值观传播的信息，保留那些具有正面教育意义的信息。

同时，他们还需要对筛选出的信息进行加工和整理，使其更加符合大学生的阅读习惯和接受方式。在这个过程中，教育工作者要注重培养学生的媒介素养和网络素养，提高他们的信息辨别能力和价值判断能力。通过加强形势政策教育、爱国主义教育和民族精神教育等，引导学生正确看待社会现象和热点问题，增强他们的历史责任感和使命感。

第四，在微选择过程中，教育工作者还需要注重培养学生的自律意识和规范意识。他们应该引导学生在使用微信、微博等微媒体平台时，自觉遵守网络道德规范，不传播虚假信息、不发表不当言论、不侵犯他人权益等。同时，教育工作者还应该加强对微空间的监管和管理，及时发现和纠正大学生在微空间中的不当行为，维护微空间的秩序和稳定。

第五，在微选择的实践过程中，教育工作者还需要注重将社会主义核心价值观与微媒体平台的特点相结合，创新价值引领的方式方法。例如，可以通过制作微电影、微动画、微课堂等微媒体产品，以更加生动、直观的方式呈现社会主义核心价值观；可以通过开展微公益活动、微志愿服务等实践活动，让学生在实践中体验社会主义核心价值观的深刻内涵；可以通过建立微媒体互动平台，加强与大学生的互动交流，及时了解他们的思想动态和价值困惑，为他们提供有针对性的帮助和指导。

第三节 实践活动与教育融合——开展微公益丰富教育活动形式

"微公益作为一种新型公益形式，蕴含着丰富的思想政治教育元素。在国家进一步加强和改进大学生思想政治教育的时代背景下，高校应当主动把握微公益融入大学生思想政治教育的现实语境和价值意蕴，通过精心设计活动主题、合理编排活动内容、守正创新活动形式，增强微公益作为新型思想政治教育载体对大学生的吸引力和感染力，提升通过微公益开展大学生思想政治教育的针对性和实效性。"[①]

---

① 王赵.微公益融入大学生思想政治教育的价值意蕴与实践路径[J].无锡商业职业技术学院学报，2023,23(1):85.

一、大学生微公益活动概述

（一）大学生微公益活动的内涵

大学生作为一个特殊的群体，其独立性、多元性、动态性使大学生微公益活动成为大学德育的重要焦点和载体。大学生参与公益之"微"主要体现在两个方面：一方面是平台之"微"，大学生作为国家人才储备力量，在思想素质和知识技能等方面都具有较高的水平，在网络使用上有较高的接受能力和创新能力，随着互联网产业的快速发展，大学生成为互联网上的一支庞大队伍，对微博、微信等网络平台使用频率之高使网络微公益在大学生群体中广泛传播开来；另一方面是力量之"微"，大学生作为还未正式踏入社会的群体，在经济、社会影响力等方面的个人能力非常有限，在社会公益中所提供的力量也较薄弱，因此大学生参与的公益活动大多是规模较小的微公益活动，提供和付出的帮助也较微小。

大学生参加公益活动的平台之"微"和力量之"微"并不是相互割裂的，大学生微公益活动往往兼具这两种特点，无论线上还是线下活动大多数都不是单独存在的，线上活动脱离不了个人力量微小的特征，线下活动也脱离不了线上平台的推广与传播。因此本书认为，大学生微公益活动即以大学生群体为实施主体，能够将微小的个人力量集结为群体力量，立足于服务社会、服务公众，引导大学生坚定中国特色社会主义理想信念和提高服务人民的社会责任感，促进大学生身心发展的，包括线上线下两种方式的一系列公益活动。

（二）大学生微公益活动的类型

大学生参与的微公益活动种类繁多。基于对不同的大学生微公益活动的分析，可以按照不同标准将其划分为不同的类型。

第一，按照贡献的不同，可以划分为筹款类微公益活动和劳动类微公益活动。例如，为患病个人或者群体筹集善款的捐款活动是提供经济支持，社团或学院等组织的海边垃圾清洁、到敬老院慰问老人等活动属于提供劳动。

第二，按照开展地点的不同，可以划分为校内微公益活动以及校外微公益活动。例如，在校内宣传衣物回收与捐赠属于校内微公益活动，社区服务、短期支教等属于校外微公益活动。

第三，按照动员方式的不同，可以划分为自上而下的微公益活动和自下而上的微公益活动。例如，在地震、洪水等重大自然灾害发生时由国家或学校号召发起的微公益活动属于自上而下的活动，而由大学生群体按照社会公益需求发起的活动属于自下而上的微公益活动。例如，捐赠书籍等物资给贫困地区的儿童等微公益活动。

第四，按照组织方式的不同，可以划分为集体参与和个别参与的微公益活动。例如，由学校某一组织发起的活动会有一定规模的大学生参与，这属于集体参与的微公益活动，而由某一大学生自发参加社会上的某一种微公益活动则属于个别参与的微公益活动，如"转发救助筹款信息并参与筹款"、"蚂蚁森林"种树等活动。

（三）大学生微公益活动的特征

大学生群体所具有的特性决定了大学生微公益活动的特征，主要包括实践性、教育性、易操作性等。

第一，实践性。大学生的微公益活动与社会实践活动有着不可分割的联系，大学生的许多活动兼具公益性质和实践性质。相较于许多其他的大学生活动形式而言，大学生微公益活动往往采取实践的形式，同时，大学生具有较多的时间和精力为参与微公益活动实践提供了条件。微公益活动是大学生在社会实践活动中经常选择的一类活动，因此许多微公益活动以社会实践的方式进行，例如到社区、敬老院等这类特定地点，或者环境保护类型的微公益活动都是以实践为主。

第二，教育性。微公益活动不仅具有公益性质，还兼具教育性质。大学生群体所处的年龄阶段和较高的素质使大学生在人生观和价值观等方面都有较高的可塑性，在参与微公益活动的过程中不仅能通过自己的公益行为将所学的思想道德的内容内化于心、外化于行，还可以用自己的行为感化他人或被他人的公益行为所感化，也能够通过学校或教师的教育引导，最终达到提高道德水平的效果。

第三，易操作性。大学生微公益活动受大学生个人能力微薄、个人社会影响力不足等特点的影响，在组织、筹办及实施等方面的程序较简单、目的较单一，这就决定了大学生微公益活动在具体操作方面会比较容易。此外，大学生举办的微公益活动大多持续时间短，过程集中，可在几天或几周结束，所涉及的要素也比较少，并且大学生能够熟练使用各种网络平台，这些都使得大学生微公益活动具有易操作性。

（四）大学生微公益活动的功能

微公益活动自进入大学校园以来对大学生群体的影响逐渐加深，大学生微公益活动不仅促使大学生采取实际行动进而提高思想觉悟、锻炼实践能力，还能够有效弥补高校德育中理论灌输的不足，将大学生接受的理论教育同具体实践相结合，充分发挥实践育人功能。大学生微公益活动形式多样，各式各样微公益活动的实践不仅能够提高大学生的道德认知水平，还是培养大学生良好的情感品质、锤炼大学生坚定的道德意志、强化大学生微公益习惯的有效实践载体。

1. 提高大学生道德认知水平

人的道德始终在一定的社会环境影响下，在各项实践活动和与人的联系中得到发展、巩固、深化。如果大学生思想政治教育只是一味地关注道德理论的传授和灌输，必然会培养出"实践的矮子"，这样会极大地限制大学生的全面发展，违背高校教育的目标任务。引导大学生参与一定的实践活动，有利于大学生将理性思维同感性体验相结合，在行动与交流中深化对道德理论知识的认知，逐渐形成道德自觉。

（1）微公益活动种类的多样性能拓展大学生道德认知的广度。大学生微公益活动的类型多样，活动方式、场地具有灵活性，既有具有爱国主义教育的微公益活动，如抗震救灾的捐款活动，也有能传递社会公德价值观的微公益活动，如环境保护宣讲、环境清洁等。不同的微公益活动具有不同方面的道德教育功能，其中包含的价值观具有多样性、多重性，能够通过价值引导等方式对大学生进行全方位的道德素质教育，从具体情境中进行道德教育，更好地塑造大学生的道德观念。

（2）微公益活动的实践性能帮助大学生提高道德认知水平。微公益活动的实践作为一种无偿的劳动，直接服务于社会、服务于人民，这种"为人民服务"的行为同大学生所接受的理论知识是一致的，这种一致性能够让大学生在参与微公益活动的过程中深刻感悟所学知识。而面对社会上一些同所学的社会主义道德相悖的失范现象，如不加以引导，则容易使大学生对社会主义的发展产生不信任感。通过及时的微公益活动的亲身体验和价值观引导，使大学生深入社会、了解社会，有效帮助大学生解决困惑，提高明辨是非的能力，从而自觉内化道德教育内容，不断提高对社会主义的认识水平和自身的思想政治觉悟，在微公益实践过程中接受更多道德理念潜移默化的影响，从而自觉提升自身的道德观念，真正做到道德内化。

2. 锤炼大学生坚定的道德意志

当前我国正处于改革开放的攻坚时期，经济快速发展和社会转型引起各类复杂的社会问题，大学生由于社会经历较少，对许多社会问题难以全面看待。大学生只有在切身体验社会主义道德的实践中，才能突破一切错误道德观念的侵蚀和包围，形成坚守道德良知的意志。

（1）参与微公益活动获得的直接经验能为大学生提供判断是非曲直的价值标准。人的认识来自直接经验与间接经验。参与微公益活动能使大学生获得最为直接的经验，在此过程中，大学生能够自觉主动地了解党的政策和社会主义制度，而不是盲目跟风、急于否定社会主义制度的优越性，由此锤炼大学生坚守社会主义道德的意志。同时，大学生在平时的生活学习中与同龄人相处较多，参与形式多样的微公益活动能够使大学生更容易接触到社会中不同年龄、不同层次的人，比较客观地去重新评价、认识个人与社会的关系，摆正个人与社会、个人与集体的位置，不断发现自身的不足，及时改进和充实自身，以在此过程中形成价值标准明辨是非，避免受到错误思潮的影响，从而强化自身的道德意志。

（2）大学生微公益活动形成的积极反馈能强化大学生坚守道德的意志。大学生在微公益活动中帮助他人、无私奉献的精神和行为常常被予以肯定和赞扬，在这种外部积极的激励下，大学生会形成坚守已有道德意志的内生动力，在这种积极引导下，大学生会对社会问题产生正确的分析判断，自觉抵御西方思潮的渗透，有利于大学生形成坚守道德良知的坚定意志。

3. 培养大学生良好的情感品质

情感培养是思想政治教育的必要环节和要素，也是思想政治教育的重要目标和任务。人的思想政治觉悟不仅包括高度的思想认识，还包括丰富的心理情感。

如果一个人只有较高的道德知识理论，而缺乏必要的内心情感体验，就不是一个真正有思想觉悟的人。情感会影响或制约一个人的认知、意志和行为，具有良好的情感品质直接关系人的道德思想水平和道德行为习惯。因此，大学生思想政治教育要达到新时代的育人目标，必须重视对大学生情感品质的培养和塑造，如使命感、责任感、道德感、荣誉感等良好的情感品质的养成。

微公益活动是大学生服务社会的有效途径，微公益所践行的随手做好事、助人利他的理念不仅能带给大学生细微真实的感动，从而使大学生在情感上得到满足，还能培养大学生在参与微公益的实践过程中形成一定的道德感、责任感和使命感，有效促使大学生积极承担社会责任，逐步实现对大学生积极情感品质的培养。

（1）微公益活动能培养大学生形成良好的道德感。大学生微公益活动蕴含了十分丰富的德育资源，例如，鼓励大学生友爱、互助、奉献。此类活动内含丰富的德育资源。微公益活动为大学生搭建了"仁爱""善心"的平台，帮助大学生提高道德判断力，并自觉地用道德规范约束自己，在帮助他人的过程中逐渐形成高度的道德感，尤其是在与社会和人民群众近距离交往的过程中亲身了解民情、社情、国情，使他们能够潜心思考社会主义国家为人民服务的决心和实践，从而提升自身的社会主义道德感。

（2）微公益活动能培养大学生形成良好的责任感。微公益活动所蕴含的精神内核与培养社会责任感有较高契合度，与社会责任感所强调的为社会发展建设做贡献的价值观相一致。社会责任感不是纸上谈兵，需要每个大学生在实践中去履行、承担相应责任。大学生在参与微公益活动的同时就在承担一定的社会责任，因此这一活动能够有效促进大学生树立强烈的社会责任感。

（3）微公益活动能培养大学生形成良好的使命感，这就是实现中华民族伟大复兴的历史使命。参与微公益活动让大学生感受到自己作为社会中的一分子所具有的社会价值，通过微小的举动，体验帮助他人的满足感，感受奉献的过程、感受传递的温暖，增强对现代社会和国家所赋予使命的感知和认同，从而激发出勇于担当民族复兴大任的使命感。

4. 强化大学生微公益行为习惯

大学生是国家科技、经济发展的重要力量，"德"是大学生全面发展的核心和灵魂，是大学生道德认识、价值观念形成的总开关。德育中的知行转换对大学生思想道德的塑造具有重要意义。

大学生微公益活动之所以能够强化大学生的微公益行为习惯，主要原因有以下两个方面。

（1）微公益活动为大学生践行道德行为搭建了良好的平台。在思想道德水平提升后，大学生迫切需要一个可以将道德理论切实转化为道德行为的实践平台，通过实践不仅可以强化大学生对已有道德认知的理解，还能极大地提高大学生对继续参与道德实践和接受道德教育的兴趣。微公益活动强调用行动说话的特点容易使大学生感受到被尊重和认可，这些反馈可以促使大学生对道德实践活动产生积极兴趣，从而增加参与道德实践活动的积极性。

（2）重复参与微公益活动的经验为大学生获得更高层次思想水平和参与更高难度实践活动打好基础。大学生微公益活动组织难度小，支持度高，举办次数多，所以微公益活动是一项大学生易于重复参与的实践活动，例如短期支教活动就非常受大学生的欢迎。大学生在微公益活动中有了一定价值观上的收获，在这个过程中塑造了自我价值，获得了思想上的升华，并且再次产生行动，行为内化理念，理念引导行为，做到知和行的循环，在重复参与的过程中逐渐养成践行微公益的行为习惯。

二、大学生微公益活动实践育人的开展

（一）遵循大学生微公益活动育人的原则

大学生微公益活动实践育人工作的开展，必须保证大学生微公益活动的举办，无论是在内容上还是形式上都要有利于实践育人工作的开展，这就决定了要把握好大学生微公益活动实践育人的原则，在遵循基本原则的基础上通过大学生微公益活动进行实践育人。

1. 坚持虚拟性和现实性的统一

微公益，作为网络信息技术革新的产物，其独特的虚拟性与现实性共存的特性，为大学生提供了一个全新的实践平台。在信息技术和智能技术迅猛发展的当下，虚拟性实践日益凸显其重要性，它不仅是对现实性实践的一种补充，更在某

种程度上拓宽了实践的边界。微公益活动的虚拟性实践，如基于互联网的"蚂蚁森林"模式，允许参与者以数字符号为工具，在虚拟空间内进行创造性的活动。这种模式不仅体现了超前思维的培养，还使大学生能够在不占用大量课余时间的前提下，实现微公益活动的参与，进一步推动了实践育人的全过程覆盖。

但是，现实性实践作为人类最基础的活动方式，其地位依旧不可动摇。虚拟性实践尽管拥有诸多优势，但终究是对现实世界的映射，其根本目的在于服务现实。大学生微公益活动的深入开展，需要不断将虚拟世界中的努力转化为现实世界的改变。例如，"蚂蚁森林"中种植的虚拟树木，最终会转化为现实世界中防风固沙的实体树木，这种从虚拟到现实的转变，是微公益活动真正意义的体现。

同时，纯粹现实性的微公益活动同样具有不可替代的价值。在这些活动中，大学生能够直接与受助者互动，体验真实的情感交流，见证实践成果的直接产生。高校组织的献血、植树、募捐、关爱留守儿童等现实性微公益活动，为大学生提供了接触社会、了解社会、服务社会的机会，有助于他们在实践中认识自我、改造自我。

因此，微公益活动的成功开展，需要坚持虚拟性与现实性的统一。虚拟性实践为大学生提供了更为便捷、灵活的参与方式，现实性实践则确保了活动的真实性和有效性。高校在推动微公益活动时，应充分利用虚拟平台与现实资源，组织丰富多彩的微公益活动，以促进大学生全面发展，实现实践育人的最终目标。

2. 坚持针对性和全面性的统一

高校实践育人不仅要关注到每一个学生的需求，还要尽量满足全体学生的实践需求，关注全体学生的全面发展。将微公益活动作为高校实践育人的载体之一，就要求大学生微公益活动不仅具有针对性，针对不同专业、不同年级、不同需求进行合理安排，还要具有全面性，能够关注到全体学生，关注到学生的全面发展。

（1）坚持有针对性地开展微公益活动。大学生虽然有充足的时间参与各种校园活动，但是对微公益活动的参加比较有限，很多大学生平均一年只参加一到两次微公益活动，这种现状要求必须提高微公益活动的针对性。当前许多高校微公益活动形式化、重复化严重，很多活动都是为了举办而举办，缺乏针对性，因此举办微公益活动要利用大学生有限的活动时间去实施实践育人任务。有针对性地举办微公益活动,可以从以下两个方面入手。

第一,在主题上具有针对性。实践育人要坚持理论与实践相结合、理论联系实践,因此实践活动的举办要以大学生接受的理论学习为基础。在实践活动过程中,自觉地把间接的理论知识和直接的情感体验结合起来。例如思想政治理论课可以结合以道德教育、社会主义教育、爱国主义教育为主题的微公益活动,还可以结合专业性强的微公益活动,走到群众中去,利用自己的所学专业去帮助他人。

第二,在专业上具有针对性,面对不同的学院、不同的专业,可以举办更具体的、更有针对性的微公益活动,不同的思想政治理论课也可以穿插不同的微公益活动。例如形势与政策课可以举办围绕国内外形势的公益宣讲活动,中国近现代史纲要课可以举办重现重大历史事件、人物的公益会演活动。专业性强的院系可以结合自己的专业知识举办微公益活动,如计算机专业的学生可以提供电脑设备维修、基础软件教学的服务,医学类的大学生可以开设讲座为大家普及基础性的健康卫生注意事项等。

(2)鼓励大学生全面性地参加微公益活动。实践育人要培养德才兼备的人才,因此每项微公益活动不仅要有针对性,突出某一主题进行育人,还要具有全面性。这里的全面性指的是微公益活动举办的类型要有全面性,也就是要关注大学生的全面发展。要保证微公益活动具有多种类型,这样不仅可以吸引大学生广泛参加,还可以在不同微公益活动的参与过程中提升不同的能力,提升全面性素质。可以对大学生的思想素质、道德素质、专业素质等进行综合培养以实现高校实践育人任务和目标。

3. 坚持创新性和可行性的统一

微公益活动本质上是进行公益行为的一种活动,大学生微公益活动具有的实践育人功能是在高校实践育人的过程中不断探索出来的。要想发挥出微公益活动实践育人的功能和价值,就必须在原有的基础上增强创新性,以此来吸引更多大学生参加,提高微公益活动实践育人的效果。但是在增强创新性的同时必须以保证可行性为前提,不然一切活动都将只是一种理念,无法落实到实践中,这就本末倒置了。

微公益活动在复制程度高、同质化严重的状态下,亟待增强创新性。创新主要针对以下两个方面。

（1）对内容的创新。微公益活动种类多样，涉及环境保护、人文关怀、医疗救助等多个方面，现在高校微公益活动内容比较单一，以募捐筹款、山区支教等内容为主，对于大学生多种专业技能的发挥不是很重视。微公益活动的创新可以从大学生的专业入手，例如心理学专业的学生可以向一些留守儿童、敬老院的老人等存在心理帮助需要的人群提供服务，利用自己的专业去参与微公益活动不仅能够在实践中运用所学专业，还能在帮助别人的过程中提高社会责任感、道德感。

（2）对形式的创新。近年来微公益活动的新发展就是利用新媒体技术的形式进行，在已有的公益活动的基础上进行创新，例如支教活动由本地讲授到脱域支援的变化，云课堂教学、书信互通等多种新型方式轮番登场，通过呈现形式的多样性、新颖性进一步加强公益理念在大学生头脑中的留存度和深刻性；或者如蚂蚁森林"养鸡""种树"的公益方式，将游戏情节植入微公益活动淡化了公益活动中的悲情色彩，使参与者以一种轻松愉悦的状态帮助别人，这是微公益活动在形式上的一种创新。大学生微公益活动可以仿照这种创新方式，将游戏环节植入大学生微公益，提高微公益活动的吸引力。

实践育人目标的达成在于大学生参与微公益活动后在思想和能力上的提高，这就体现了微公益活动可行性的重要性。创新要在可行的基础上进行，一方面，是活动行得通，主要在于活动经费、大学生群体的现实情况等，创新型的大学生微公益活动一定是在已有经费的基础上进行，如果超出经费承受能力，活动就很难落实，并且大学生微公益活动创新必须考虑大学生的现实情况，如不能扰乱日常的教学任务等。另一方面，是活动意义可行性，不同的微公益活动对大学生实践育人的任务不同，有的微公益活动带有专业性质，有的微公益活动是对大学生进行单纯的思想政治教育。策划好的微公益活动必须具有落实实践育人目标的可行性，使大学生在参与微公益活动后有所收获。

（二）创新大学生微公益活动育人的方式

高校要加强对微公益活动实践育人的重视，不断创新大学生微公益活动实践育人的方式方法，优化大学生微公益活动实践育人的顶层设计，进行全局性、整体性谋划，系统考虑微公益活动实践育人工作的全局和局部、渐进和突破，按照高等教育发展规律和大学生成长成才规律统筹规划微公益活动实践育人工作。

1. 确立教育导向，构建协同育人新模式

教育理念是指导高校实践育人的思想核心，以什么样的理念育人是微公益活动实践育人的思想先导，要在微公益活动中育人就要明确通过微公益活动为谁培养人、培养什么样的人、怎样培养人。一方面，要明确在微公益活动中为谁培养人、培养什么样的人。作为社会主义高校，就是要培育为党、为社会主义、为人民服务的人，这是实践育人的大方向，必须保证方向不出错才能培养出具有正确政治立场、高尚价值追求、强烈使命担当的时代新人，这是高校实践育人的根本所在，也是微公益活动要保证的立场。另一方面，是怎样育人，即在微公益活动实践育人过程中要坚持的教育方法。实践育人是一项系统工程，需要校内多方力量合力支持，甚至需要社会资源和家庭资源的协同配合才能发挥最大功效。

（1）发挥校内各育人主体的力量。高校作为实践育人的组织主体，由不同的系统构成，反映在促进学生成长和教育教学的各个环节，要加强举办微公益活动、推进微公益活动实践育人的各主办方、参与方的教育合力，不断提高大学生微公益活动的质量，使育人目标得到更好的实现。

第一，建立统筹管理大学生微公益活动的专门部门，负责整合各方资源，为微公益活动实践育人服务，结合学生需求、兴趣和学校实际情况，积极创造条件，对微公益活动的主题、内容、反馈做好安排和部署，并向学生组织提供相应培训，做好微公益活动实践育人前、中、后三个阶段的总结。

第二，教师是高校实践育人的主要承担者，因此，加强高校教师队伍的培训非常重要，要采取有效措施建立高水平的实践育人师资队伍，尤其是对微公益活动的相关培训，以提升高校教师对微公益活动在高校实践育人工作中重要性的认识，也可以邀请有关公益机构的专业人士，给予大学生微公益实践活动的指导教师相应的理论培训或技术指导。

（2）高校要不断拓展与行业企业、地方政府、基层社区的合作，逐步完善和发挥党委部署、政府推动、社会参与、学校主导的大学生微公益活动实践育人的合力，力求营造全员育人、全社会育人的良好氛围，不断增强教育合力。在实践育人实施过程中，政府、企业、社区与高校都是实践育人的主体，但其中任何一个主体发挥作用都离不开其他主体的参与，只有当它们凝结成一个共同的整体时，才能有效地促进高校实践育人活动的制度化、常态化。在具体操作中，高校可以和政府部门的党团组织进行联系，联合组织微公益实践活动，也可以和企业的公益服务部门对接，或者动员企业加入高校和政府合办的微公益实践活动，以确保微公益活动具有良好的技术指导、资金扶持和场地保障。

2. 拓宽实践疆界，实施全面统筹规划

面对目前高校微公益活动开展现状，需要高校利用各种资源，不断拓宽微公益活动的实践领域，并在此过程中统筹规划微公益实践育人的各项工作。除了校内与校外资源的统筹，大学生微公益活动实践育人还要注重统筹课内资源与课外资源、理论教学与实践教学、学生培育与教师培训等环节，将学生成人与成才的目标相统一。

大学生对微公益活动不够关注，主要原因在于活动的主题和丰富性对大学生的吸引力不够。微公益活动相较于其他社会实践活动，对大学生的吸引力比较弱，这是因为目前高校微公益活动的实践领域还比较有限，这就需要学校或教育主管部门拓展微公益活动的实践领域，不断提升大学生微公益活动的丰富性。目前高校的微公益活动主要是募捐、献血等活动，实践领域狭窄，学校可以在微公益领域的拓展上做出努力，例如，成立微公益助学组织，通过爱心义捐等形式帮助困难学生群体，或者建立专门的校园微公益媒介平台，大学生可以通过校内微公益网络平台主动参加微公益活动、发布微公益信息；还可以举办大学生微公益创新创业活动，鼓励大学生创办兼顾社会利益的营利组织、兼顾社会利益的非营利组织、支援公益活动和产学研混合型等，通过将微公益和赛事相结合，培养大学生的公益意识、创业意识等，以充分应对培养复合型、创新型人才的需要。

3. 遵循成长规律，实施阶梯式教育推进

大学生的成长发展具有阶段性特征，在不同的发展阶段会受具体环境的影响产生不同的心理状态，认知水平的不断发展也会使大学生不断地改进已有的价值观。通过微公益活动对大学生进行实践育人就要尊重大学生的发展规律，在不同的阶段采取不同的具体办法，根据发展阶段对大学生进行分层教育，低年级的大学生和高年级的大学生在不同的认知层次选取相对应的实践重点，在实践的难度和深度上形成一定梯度，分层次推进微公益活动实践育人。

低年级的大学生从刚步入大学校园开始，面对新的环境和人际关系将打破原有的心理平衡，在克服各种不适应的同时构建全新的心理结构，同时具有了更加宽广的眼界，接触到的外部世界将不断扩大。面对这个阶段的大学生，应该趋向于选择对大学生世界观、人生观、价值观具有引导作用的微公益活动，如以爱国主义、民族精神为主题的微公益实践活动。另外，还可以进行深入福利院、敬老院等地点的公益服务活动，通过实践活动有利于大学生在实践中弘扬中华民族优良传统；或者参加社区服务、以环境保护为主题的微公益活动，提高大学生的社会责任感，为大学生走出校门、走向社会后将个人价值与社会价值相统一打下良好的思想基础；也可以鼓励低年级大学生组织、参加文化型的微公益活动，在筹备和公演中不断提高自身的综合素质。

高年级的大学生经历过许多锻炼后不断走向成熟，这个时候的大学生无论是价值观还是基础知识和专业技能都得到了提高，他们面对的是从学生角色向职业角色的过渡，单纯道德层面的教育已经难以满足他们的现实需求，如果继续从单一的道德层面着手，微公益活动实践育人的效果也将难以取得实质性突破。面对这个阶段的大学生，微公益活动的选择应该紧紧结合大学生的专业，将微公益活动提高一个层次，使大学生可以在实践中发挥自己在专业上的长处，一定程度上避免大学生局限于书本理论知识的现象。可以在寒暑假组织大学生去山区支教，将自己已有的专业知识应用在支教生活或者课堂上，以实现个人价值为主，满足高年级大学生在自我实现方面的需求，提高大学生的自信心，在帮助他人的过程中提升对自己的认可和尊重，完成与自己能力相符的事情，实现自己的理想需要，为毕业前的求职打下基础；或者鼓励高年级的大学生参与微公益创新创业的比赛，将微公益和择业、就业、创业相结合。

（三）构建大学生微公益活动育人的机制

大学生微公益活动实践育人机制是推动微公益发挥育人功能、提高微公益实践育人效果的途径和工具。从当前微公益活动实践育人发展的现状出发，制定符合微公益活动实践的激励机制、保障机制和评价机制，可以为大学生微公益活动实践育人有效开展提供内容和方法上的参照。

1. 大学生微公益活动的激励机制

合理、持续的激励能增强大学生参与微公益活动的主动性，在完成任务的同时提高自身思想境界。当活动中存在一定的激励时，可以激发大学生参与活动的内在动机，从而使其更加主动地投入实践。在微公益活动实践育人工作中，加强激励机制的建立，能够实现大学生从被动接受到主动参与的积极转变，从而提升微公益活动实践育人成效。

（1）形成微公益活动的竞争激励机制。竞争激励不是自上而下的压迫，而是内部成员相互的强化激励；不是外部诱因的刺激，而是内心推动的结果。适当的竞争激励是微公益活动实践育人的重要推动力量。竞争激励机制的构建，需要从两个方面着手：一是构建参与微公益活动的量化考核标准，例如对微公益活动的类型、难度等进行划分，将此列入奖学金、优秀学生、入党评优等评选标准，形成对大学生参与微公益活动积极性的激励；二是加强对教师引导作用的竞争激励机制建设，在教师内部形成竞争，对有突出表现和贡献的教师予以奖励，以此激励教师充分发挥引导大学生积极参与、组织微公益活动的作用。

（2）建立全方位的精神激励机制。按照马斯洛需求层次理论，大学生在满足低层次的需求后开始追求高层次的需求，例如被尊重的需求、自我实现的需求等。对大学生进行精神上的激励符合大学生成长成才的规律，适当的精神激励能有效带动大学生追求更高层次的需求，在此过程中不断提高自己的思想水平。建立精神激励机制可以由带队教师或组织活动的领导者增强与大学生的沟通，在沟通中对大学生进行一定的表扬、赞赏以及鼓励，传达被帮助群体对微公益参与者的感激之情，以满足大学生被尊重和被需要的需求。同时重视同辈群体之间的榜样激励，鼓励学生负责人在微公益活动成员内部做好情感激励工作，营造大学生在参与微公益活动时互相激励、互相信任、互相支持的良好氛围，使大学生获得良好的情感体验，提高对微公益活动的认同度、归属感，从而提升微公益活动对大学生实践育人的效果。

2. 大学生微公益活动的保障机制

现阶段大学生参加微公益活动的保障机制建设还有待加强，做好参加微公益活动的保障是实现微公益活动实践育人的重要环节。微公益活动实践育人的有效实施是以教师为主导、学生为主体的教学实践，因此，加强微公益活动实践育人的保障机制，就必须着眼于加强对教师队伍建设的保障以及对大学生的参与进行全过程的保障。

（1）加强微公益活动组织和管理的队伍保障。思想政治教育队伍建设是发挥微公益活动实践育人功能的关键环节，这支队伍担负着对大学生进行思想政治教育的重要使命，队伍建设将直接关系到大学生思想政治教育的成果。大学生微公益活动的组织者、管理者一般组成复杂，包括党政学团工作人员、思想政治理论课教师、辅导员等。教育主体对微公益活动实践育人的把握事关微公益活动实践育人的落实。

一方面，要对教育队伍进行专业化培训，重视微公益实践育人工作队伍思想政治素质和政策水平的提升，使队伍成员增强对微公益活动重要性、内容和方式方法的把握，加强校际、学校与社会、学校与公益组织的交流合作，丰富教育队伍的实践经验，为微公益活动实践育人提供队伍保障。

另一方面，要激发微公益活动实践育人工作队伍的热情，教育者具备一定的工作热情和对微公益活动的热情，才能更好地点燃大学生投身于微公益活动的激情，强化微公益活动的实践育人效果。

（2）在大学生参与微公益活动的全过程要做好服务保障。服务保障不仅要对微公益活动在财力和物力上加强保障，还要对参与微公益活动的大学生在参与前、参与过程中和参与后做好服务保障。

第一，在参加微公益活动前对大学生进行积极的引导，鼓励大学生参与微公益活动实践，充分激发大学生探索求真的精神。

第二，做好相关培训，增强大学生参与微公益活动的服务能力，以保证微公益活动能给大学生带来良好的实践和精神体验，并对安全注意事项等进行确认。

第三，在参与微公益活动的过程中加强监测，及时获取大学生参与微公益活动时的状态和效果，以便在微公益活动结束后对后续工作的评价、反馈提供依据。

第四，在参与微公益活动后注重带领大学生总结经验、引导思考，促成大学生在思想上的升华，避免为了参与而参与、只重实践不重育人状况的发生。

3. 大学生微公益活动的评价机制

评价机制是对大学生微公益活动实践育人的可行性或完成情况及水平进行检验和评估，对进一步调整大学生微公益活动的后续发展具有重要的参考作用。微公益活动的结束不等同于微公益活动实践育人工作的结束，科学有效的评价机制是微公益活动实践育人的最终环节，能够在学生与教师、学生与学校之间搭建起沟通的桥梁，形成双向的反馈，及时总结经验、解决问题，促进微公益活动实践育人向纵深发展。

（1）形成多维度的大学生微公益活动评价机制，将过程评价与结果评价相结合。不仅要对微公益活动实践育人的具体目标、方法、途径、组织领导等进行评价，还要对微公益活动实践育人的教育者的育人成果进行评价，将评价结果纳入教育者的教育水平、能力、业绩等考核标准，以及要对大学生参加微公益活动的次数、时间、效果等进行评价。在评价方法上要具有多样性，将定性评价与定量评价、整体评价与重点评价相结合，依据具体的微公益活动和阶段采取适合的评价方法，并对评价方法予以调整。

（2）突出微公益活动实践育人评价机制的导向功能。对微公益活动进行多维度、多层次的评价不是建立评价机制的目的，而是要充分发挥评价机制对微公益活动的导向功能、筛选功能等。因此，要及时将评价结果向大学生进行反馈，以此协助大学生对参与微公益活动进行总结和思考，提升微公益活动的实践育人效果；还要及时向思想政治课教师等肩负实践育人重任的教育队伍进行反馈，达到以评促建的目的。评价机制导向功能的发挥还与评价结果的时效性有关，作为微公益实践育人的最终环节，不能过于拖延、滞后，造成同微公益活动相脱节的情况，滞后的时间越长，评价环节的导向作用就会越弱，导致评价结果流于形式、形式大于内容等不良后果。

（四）优化大学生微公益活动育人的环境

教育环境能对教育效果产生直接影响，良好的教育环境可以促进教育的发展，不良的教育环境会阻碍教育的发展，而教育环境的复杂性也决定了必须从多角度优化大学生微公益活动实践育人的环境。大学生微公益活动实践育人的环境包括大学生微公益的社会环境、微公益平台和法律监管环境、校园微公益文化环境和大学生同辈群体环境,这四种环境既相互作用又相互协调,共同组成大学生微公益活动实践育人的教育环境。

1. 优化大学生微公益的社会环境

高校教育体制的改革导致大学生社会关系和社会观念不断增强,社会环境对大学生的影响也逐步加强。虽然如今社会上的微公益氛围有所发展,但是对高校微公益的重视程度还不够,并且存在许多不利于微公益发展的因素,微公益发展的社会环境亟待优化。引导大学生参与微公益活动,提高微公益活动的实践育人效果,就必须重视微公益发展的社会环境,营造良好的社会微公益氛围。

(1) 发挥社会主流媒体的价值引领作用。虽然微信、微博等新媒体实现了跨越式的发展,许多新媒体从业者的影响力逐渐增强,但是现阶段传统的主流媒体以及知名记者在公众心目中仍然具有极高的公信力,而一些公益组织之所以陷入信息、资金等资源匮乏的困境,正是由于缺少社会公信力以及知名度。因此,要充分发挥主流媒体引导社会舆论的功能,例如运用《人民日报》、央视等主流媒体的话语权进行微公益观念的传播,或者发布公益信息,尤其是能够同大学生紧密结合的微公益活动,以及对具有代表性、活动效果好的微公益活动进行表彰和宣传,同时要在已有的基础上加大主流媒体对微公益活动的宣传频度和力度,不断提高建设社会微公益氛围的意识。

(2) 国家和政府要加大对微公益发展的扶持力度。要认识到国家和政府对微公益的传播方式和权威性具有的深刻影响,要注重强调政府对微公益发展的引领作用,重新定位政府在微公益发展中的角色。

一方面,国家和政府可以出台扶持微公益活动的政策文件,对微公益活动的信息传播、资金支持、公益资源共享系统构建等提供便利,对优质活动提供奖励、公共服务购买等,支持和推动微公益活动顺利进行,为微公益活动的进行提供广阔的空间。

另一方面,可以鼓励政府部门及各级领导参与到微公益活动中,例如参与到与扶贫济贫、养老扶幼、抢险救灾等相关的微公益活动,以切身行动来提高微公益活动的宣传效果和广泛性。

2. 规范微公益平台和法律监管环境

通过法治理念维护社会公平正义,提高微公益的社会公信力,是打造微公益发展健康环境的必要环节，也是大学生持续、稳定参与微公益活动的迫切需要。信任是微公益发展的基石，只有人与人之间存在信任，微公益才能不断发展，如果出现信任危机，大学生失去对微公益活动的信任，将导致微公益活动无法继续发挥实践育人功能，微公益本身也将陷入困境。维护微公益的信任环境就要不断健全相关法律法规，加强监督，减少危害微公益社会公信力的事件和现象的发生。

（1）重视微公益法律法规和规章制度的建设。现有的相关法律仍然缺乏体系性，微公益领域存在一定的法律空白，立法机关和行政机关应该重视微公益活动中出现过的社会影响力重大的事件，针对社会上出现的微公益普遍性的问题提出解决办法，制定相关的法律法规进行规范。微公益的发起主体一般为个人或媒体，应该加强对发起者的法律法规建设，制定赋予微公益发起主体资格的相关条件。尤其应对网络微公益予以重视，加强对微公益网络环境的制度约束。同时，针对以微公益为名行诈骗活动的不法行为，制定追究微公益组织负责人违法行为责任的法律规定，加快出台微公益组织管理办法。

（2）加大打击微公益违法乱纪行为。要全面加强监督管理，可以设立专门的管理监督机构，对现行微公益平台的合法性、规范性进行审查，引导微公益组织合法化、持续化发展，对相关媒体和社会公众组织的微公益活动要增加其公开化程度以及透明度，尤其是要监督善款、捐赠的用途是否真实，确保微公益活动的真实性，并将监督情况予以公示，增强微公益的公信力，扩大微公益社会效应，使大学生感受到帮助他人的真实性，从而提高大学生对微公益活动的信任程度和参与程度，提高微公益活动对大学生的实践育人效果。其次是要加大执法力度，面对破坏微公益公信力的不法行为及不符合规章制度的微公益活动要及时制止，依法采取处理措施，将制度落实。

（3）完善高校微公益活动制度条例。一方面，高校要结合微公益活动的相关条例和高校实际以及大学生具体情况，制定大学生组织和参与微公益活动的运行和流程规范，例如制定人员信息的保存和公开等工作规定、微公益活动的相关秩序规定等，确保大学生在参与微公益活动时具有制度保障。另一方面，高校要实事求是地制定有利于大学生方便、顺利地开展和参与微公益活动的保障制度，从制度上为大学生参与微公益活动提供便利条件，例如提供校内外微公益实践基地,或者人力、技术和设备支持等。

3. 营造良好的校园微公益文化环境

没有良好的微公益意识和微公益环境,即便在制度上进行革新也很难发挥出微公益活动所具有的实践育人功能。大学生的学习生活置于一定的校园环境中,利用好校园文化环境具有的隐性教育功能,通过将微公益文化融入校园文化中,打造有利于大学生主动参与微公益活动的文化氛围,这会对微公益实践教学的实际成果产生积极影响,能够使大学生对微公益活动的认识、参加微公益活动的主动性以及微公益活动实践育人的效果得到一定程度的提高。

(1)将弘扬社会主义核心价值观与弘扬微公益文化相结合,营造积极向善的微公益精神氛围。微公益具有和谐、互助、友善的精神内核,通过微公益活动实践育人正是要培养大学生具备这样一种微公益精神,而社会主义核心价值观中包含的文明、和谐、友善等基本内容与微公益倡导的精神具有一致性。引导大学生深刻领会社会主义核心价值观,能够增强大学生参与微公益活动的主动性。例如,高校可以将社会主义核心价值观的基本内容以海报等形式展示到学生学习生活的各个场所。

(2)加强宣传工作,积极宣传微公益文化。宣传工作向来是文化建设的重要阵地,做好微公益的宣传工作有利于使微公益意识和微公益文化深入人心,同时产生良好的舆论环境。

一方面,高校要充分利用学校、学院的官方网页、公众号、官方微博等媒体和互联网平台进行宣传,扩展微公益信息传播渠道,提高微公益信息宣传效率,增强大学生对微公益的认知程度。

另一方面,要发挥榜样示范作用,大力宣传学校学生、教师在参加微公益活动中的先进事迹,树立典型,发挥价值引领作用。通过加强宣传工作,将微公益的文化、活动等信息迅速传播,渗透到大学生的日常生活、学习中,尽可能让更多的学生切实感受到微公益文化的力量。

(3)将微公益文化内容融入校园环境。校园物质文化是校园环境的重要组成部分,承载着校园所具有的人文精神和文化内涵,通过建设校园物质文化对高校微公益文化环境的构建具有重要意义。高校可以在校园现有的空间环境下合理开发,利用学校空地、道路、实验室、教学楼、学生公寓等空间陈设与微公益文化相关的立体文字、布置装饰等，或者设立专门的宣传栏、标语牌、橱窗等，将微公益活动的照片、感悟等进行有形展示，将微公益的文化和精神融入校园的每一个角落，使校园成为涵养大学生微公益意识的重要场所。

4. 重视大学生同辈群体环境

大学生受到年龄和学业的影响，大部分时间处于同辈群体环境中，家庭对大学生的影响逐渐减弱。同辈群体之间的频繁交往和相互信任，以及心理和感情上的相容使大学生更易受到同辈群体观念和意识的影响。同辈群体环境能对大学生微公益活动实践育人带来积极影响，也存在一定的消极影响，要加强同辈群体环境的建设，发挥同辈群体对微公益活动实践育人的有利影响，并采取必要措施克服同辈群体环境对微公益活动实践育人的不利影响。

（1）注重发掘和培养大学生意见领袖。虽然大学生同辈群体是自发存在的，但是每个成员在群体中有特定的角色和地位，甚至会出现具有领导能力的核心人物，群体成员会自觉受到这个核心人物的影响，也就是群体中的意见领袖。要注意挖掘学生中的先进典型，大学生意见领袖与学生干部存在一定的交叉性，但是意见领袖不一定就是学生干部，学生干部也不一定就是意见领袖。除了学生干部外，还要注重对无学生职务但是具有较强号召力的大学生的发掘。同时要重视引导大学生意见领袖形成正确的价值观念，对微公益形成正确的认识，从而发挥其对同辈群体的正向影响，借助其影响力将微公益意识和参与微公益的意愿更好地传递给每一个群体成员。例如，引导学生意见领袖发布有利于微公益发展的资讯等，号召大家对微公益活动树立正确的认识并积极参与微公益活动，在同辈群体环境中形成有利于微公益活动实践育人的舆论和氛围。

（2）利用网络培养正确的微公益群体意识。大学生同辈群体虽然具有较强的凝聚力，但也存在一定的排斥性，这种排斥性表现在对非群体成员的排斥，例如，高校教师很难融入大学生同辈群体中，对于大学生同辈群体意识的引导更是难以介入，这给培养正确的大学生群体意识带来了困难。随着互联网技术的不断发展，大学生能够通过校内外各种网站、校园 App、信息服务平台等接收大量的信息，利用好网络手段，搭建好信息共建共享的平台，打破高校、教师与大学生同辈群体之间信息传输、思想交流的瓶颈，将微公益正能量的信息传递给大学生，打造良好的信息传播网络渠道，引导大学生同辈群体形成正确的微公益群体意识。

（3）减少同辈群体环境对大学生带来的消极影响。同辈群体所承载的文化与社会主流文化存在部分相悖，群体成员为了避免受到群体的排斥，会按照约定俗成的规定办事和发表言论。高校要及时地发觉大学生同辈群体之间存在的敌视、蔑视微公益文化和活动的言论，避免这种不利于微公益活动健康持续发展并发挥实践育人功能的现象扩大化，在影响更多大学生之前及时制止传播，并提供一定的微公益意识的教育，引导大学生对微公益树立正确的看法。

第六章 微时代背景下大学生思想政治教育话语的创新实践

第一节 微时代大学生思想政治教育话语的创新定位

"思想政治教育话语是马克思主义中国化、语言符号以及价值观念的统一呈现，是鲜明的意识形态、特定的政治指向、特有的价值观念的集合。在'微时代'，以微信视频号、抖音、秒拍等为代表的媒介技术发展方兴未艾。媒介技术打破了不同'地域、语言、文化'的间隔壁垒，信息传播辐射覆盖围度空前广泛、立体、全面。颠覆性变革了话语受体的表达方式、认知方式和信息接收方式，成为'微时代'条件下话语传播与话语塑造的重要力量，使得话语发展呈现出不同以往的表征特点。"[1]

大学生思想政治话语是思想政治教育话语体系的重要组成部分，它的使用者主要是思想政治工作者和追求新鲜刺激、喜欢思考、敢于质疑的大学生群体。为此，所谓微时代大学生思想政治话语是指思想政治工作者和大学生群体在新兴网络技术的支持下，依托微博、微信、微视频等微媒体平台相互交流沟通互动的言语符号系统。微时代大学生思想政治话语也具有较强的意识形态性和目的性，但相对于思想政治工作话语，它的表达形式更多样化动态化。

一、微时代大学生思想政治话语创新的理念

微时代思想政治教育话语创新应在功能与价值、传统与现代、国内与国际、虚拟与现实等维度展开，树立教化育人理念、开放包容理念和统合一致理念。

（一）教化育人理念

从功能与价值的维度看，微时代思想政治教育话语创新要树立教化育人理

---

[1] 朱尚品,周映锋."微时代"思想政治教育话语发展审视:特点、困境与消解[J].黑龙江教师发展学院学报,2022,41(11):108.

念。所谓"教化",即话语创新应基于思想政治教育宣传主流价值观,维护主流意识形态的根本政治导向功能;所谓"育人",即话语创新应坚持以人为本的教育理念,以促进人的全面自由发展为根本价值取向。

从根本目的上讲,微时代下的思想政治教育的话语创新要在维护主流意识形态、维护政治统一的基础上进行,这确定了话语创新的基本阈限。在中国封建社会,统治阶级推崇儒学作为主流意识形态,而儒学的话语体系多以道德教化为主,如孔子所提"道之以德,齐之以礼,有耻且格"、《大学》中"修齐治平"的理想品格,乃至宋明理学时期确立"三纲五常"的道德伦理体系等,其目的都在于宣扬维护封建统治阶级的主流价值理念。当今中国共产党领导下的思想政治教育话语以马克思主义理论及马克思主义中国化成果、党的路线方针政策为核心内容。思想政治教育话语创新必须坚持中国特色社会主义制度支撑和道路引领,符合政治教化功能和要求,以起到维护党的团结和统一、促进社会发展目标实现的作用。

同时,微时代思想政治教育要坚持以人为本,发挥好育人作用。随着网络时代的兴盛,互动、平等、对话成为教育发展的趋势,网络为大学生提供了更广阔也更加复杂的信息选择,这就要求思想政治教育工作者提供好青年所真正需要的教育信息,适应其求知求学、自我教育的需要。思想政治教育坚持以人为本,需要从以下三个方面入手。

第一,及时回应网络舆论中大学生普遍关心的问题。微平台为网络舆情传达、舆论监督提供了有效途径,思想政治教育及时监控舆论热点并及时予以回应,有利于提升话语影响力。

第二,以人为本要求思想政治教育话语向大众日常话语相贴近。思想政治教育话语创新的目的是搭建起政治话语与大众话语,尤其是和青年话语的桥梁,用精练生动又富含哲思的语言疏导青年人的内心。

第三,育人理念要求赋予教育对象一定的话语权。思想政治教育要善于调动学生的自主性,激发其实现自我价值的内驱力。微时代的互动性特点启示思想政治教育应转向以互动的方式与学生平等对话,为学生提供充分表达自我的机会,促进其个性成长。

（二）开放包容理念

网络微时代开放性的特点决定微时代思想政治教育话语创新应树立开放理念，面向世界，融汇古今，而开放理念必然要求话语创新要具有包容性。话语创新的开放包容理念涉及的是处理好传统与现代、国内与国际的关系。

1. 树立开放理念

互联网的高度开放性倒逼思想政治教育树立开放发展理念。当前互联网发展到微时代，几乎人人掌握至少一部移动微载体，信息的爆炸式传播使国际、国内的资讯快速传播，多元价值观念在网络空间纷纭激荡，这都挑战着封闭、单一的教育模式，呼唤思想政治教育话语内容和方式的创新。思想政治教育树立开放理念，需要从以下两个方面入手。

（1）与世界话语接轨。网络促进了世界的互联共通，微媒介使国内外资讯变得唾手可得，因此思想政治教育话语内容不能只停留在论述本国历史文化、价值理念、政策制度上，而是应树立全球化视野，在中外对比中讲述好中国制度的优势，讲好中国故事，向世界传播中国声音。

（2）开放理念要求思想政治教育话语创新积极吸收国外先进的德育思想、教育研究成果等，为我所用。另外，全球化视野也是当前和未来人才所需具备的重要素质，德育课程注重开放性可拓宽学生视野，引导学生自觉以"人类命运共同体""美美与共，天下大同"等全球视野的观点正确看待国际国内的局势和各类争端，有利于满足网络时代人才培养的要求。

2. 树立包容理念

思想政治教育向世界开放，注重国际国内两个话语场的接轨，开放性必然也要求包容理念的树立。

（1）包容理念要求处理好继承与发展的关系。思想政治教育话语创新发展，坚持在马克思主义的立场、观点和方法的指导下，积极汲取中华优秀传统文化中道德教育的合理内容，以强大的包容性树立民族自信和文化自信。传统文化是文化自信之根，也是思想政治教育话语内容的重要来源。极具智慧的优秀中华传统文化与思想政治教育主题相结合，让学生接受政治引导的同时感受文化熏陶，潜移默化中树立正确的历史观、文化观，也更能使道德教育的内容深入学生的华夏精神之脉。

（2）包容理念要求包容微时代网络语言的使用。网络流行语颇受大学生喜爱，思想政治教育工作者需要积极转变对网络语言的轻视甚至敌视心态，包容大学生群体独特的话语方式，巧妙地加以引导。网络流行语实际是一种青年亚文化的表现形式，与主流话语之间是共生的，同属于社会话语体系的构成要素。大学生借由创作和传播网络语言，或抒发情感，或表达自我，包容网络流行语根本上讲就是包容个性各异的教育对象，充分尊重其表达自我的权利。

当然，话语创新中的开放包容并不是无差别、无方向的一概开放、一律包容。对于微媒介传播信息中带有恶意诱导、不符合社会主义核心价值观教育要求和不利于大学生身心健康发展的内容，必须严格甄别、严肃对待，注重引导，不能为了显示包容而丧失政治引导的原则。

（三）统合一致理念

思想政治教育是一个整体性、协同性的过程，微时代纷繁的网络话语与思想政治教育所引导的主流话语之间需要整合统一。这要求微时代思想政治教育话语创新应树立统合一致理念，坚持系统思维，有效整合线上线下两个教育场域，统合好虚拟与现实的教育影响，推动全员、全程、全方位育人的协同作用。树立统合一致理念应从以下两个方面入手。

第一，微时代思想政治教育话语创新坚持以统一性、总体性的标准，整合线上和线下两个教育场域的话语资源。互联网发展进入微时代，手机等移动传播媒介成为大学生群体形影不离的必需品，由此也将个人分裂为享有现实空间和虚拟空间两种或对立、或统一的双重角色，虚拟和现实两个空间就成为思想政治教育需要直面的两个教育场域。

思想政治教育话语需要以统一的理念统合两个教育场域。高校思想政治教育话语体系需坚持线上线下话语内核的统一性和一致性，尽量做到协调、统一。线下教学中引用借鉴微时代话语表达新形式，而在网络虚拟空间思政教育工作者要保证自身线上线下人格品质的一致性，加强自身对思想政治教育话语内核理念的坚守；主动增加主流价值观念信息的"曝光"，并与学生密切关注的现实性问题结合起来，让学生分清虚拟与现实，将注意力更多地转移到现实世界，减少在虚拟空间的沉溺。

思想政治教育话语应注意统合现实生活与虚拟网络的边界，善用总体性观点纠正虚拟网络的碎片化弊端。在微时代碎片化影响下，教育向微观领域延展，个体统一人格的建立也沾染了碎片化特点，一些个体在现实与虚拟中的各种角色切换中丧失了独立统一的价值追求。马克思的总体性思维提供了一种整体性眼光，从历史、全局考察人类社会，这为纠偏微时代下碎片化倾向的弊端提供了启示。思想政治教育工作中坚持并融入马克思的总体性观点，以历史观、系统观、全局观引导学生整合网络空间和现实生活两个世界的角色责任，帮助其建立统一、稳定、健康的人格，这为德育发挥作用奠定了基础。

第二，树立统合一致理念要求推动全员、全程、全方位育人，发挥一致的教育影响。推动思想政治理论课改革创新需要坚持显性教育和隐性教育相统一，挖掘其他课程和教学方式中蕴含的思想政治教育资源，实现全员、全程、全方位育人。思想政治教育培养人的工作本身是一项系统工程，需要调动、整合思政课堂内外、校园内外等多维力量，形成德育合力。这就需要联合多部门工作齐抓共管，营造"大德育"立体空间，结合无形和有形方式将思想政治教育融入、渗透到学生学习生活的各个环节。在网络微时代促进全员、全程、全方位育人的一个重要举措就是协同发挥微媒介的育人作用，打造一批具有强大影响力、竞争力的新型主流媒体，扩大主流价值在青年群体中的影响力版图，使具有育人价值的思想政治教育话语传播得更广、更深入，加强网络正面宣传的质量和水平。

二、微时代大学生思想政治话语创新的原则

思想政治教育话语创新的原则既要体现思想政治教育工具性和价值性的双重价值，又要兼顾微时代传播环境的新特点，因此具有辩证统一性。具体而言，应在话语创新实践中坚持政治一元与个性多元的统一、学理底蕴与现实表征的统一、理性认知与审美观照的统一。

（一）政治一元与个性多元相统一

思想政治教育本身具有个体社会化和个性化的双重意义，坚守政治导向和立

德树人是思想政治教育工作的一体两面。在思潮纷杂、个性多元成为信息传播趋势的微时代下,思想政治教育话语创新须坚持政治一元和个性多元的统一。其中,"政治一元"指的是在微时代多元价值观传播的环境中,思想政治教育话语创新必须坚守一元政治导向,承载主流价值观教育的话语内核;"个性多元"指的是基于育人目标,话语创新在形式上贴近微时代青年群体个性多元诉求,要做出因时而进的转变。因此话语创新要在一元内核与多元形式下趋近平衡。

微时代信息主体的多样性,使网络空间出现"多元"声音,各类多元价值观对青年群体的影响加大,这势必要求以意识形态教育为根本属性的思想政治教育发挥好一元导向作用。意识形态性是思想政治教育性质的规定。在内涵上,思想政治教育被界定为:教育者与受教育者根据社会和自身发展的需要,以正确的思想、政治、道德理论为指导,在适应与促进社会发展的过程中,不断提高思想、政治、道德素质和促进全面发展的过程。这一内涵显示出思想政治教育具有育人性和意识形态引领性两大基本属性。思想政治教育以人为作用对象,是做人的工作,必须坚持以人为本。而社会意识形态教育功能决定了思想政治教育的性质、方向、目标和内容。

一元引领性的意识形态内容是思想政治教育话语的内核,作为表达政治价值、稳固政治权力的思想政治教育话语,其生成、传播和创新都首先要坚持正确的政治方向。对于中国共产党领导创设的思想政治教育话语来讲,首要的话语内核就是坚持马克思主义基本立场、观点、方法,坚持无产阶级立场,维护人民群众的根本利益,坚定不移地走中国特色社会主义发展道路,坚持和发展中国特色社会主义理论与实践,为实现共产主义远大理想而奋斗。这为当今高校思想政治教育话语创新规定了精神内核和价值取向。坚持政治一元性是保证思想政治教育话语创新过程不脱离意识形态根本指引的前提。

在信息传播不甚发达的年代,一元政治话语往往是由统治阶级以单向灌输的方式传播和教育,而在信息传播渠道多样复杂的微时代,多元价值观的话语互动消解着思想政治教育话语的权威,而话语内容的过度个性化削弱着思想政治教育话语的引导力,加之多元社会思潮在网络上广泛传播等的影响,意识形态"一元"与个性"多元"之间形成矛盾。彰显个性多元化诉求是微时代和未来社会发展的趋势。思想政治教育的人本性内涵,要求"立德树人",促进人的全面自由发展，其中必然包含个体个性的全面自由发展。对于"网络原住民"的大学生群体而言，网络微媒体提供的多样化信息、主体互动性的信息交流模式都使他们对"灌输"式的政治话语教育模式感到疏离，要求表达自己的思想观点、张扬个体独特的个性，因此微时代境遇下的思想政治教育话语创新就需要立足大学生多元个性彰显的诉求，搭设多元表达自由的平台，并发挥好引导作用，以在青年群体中争夺意识形态话语权。

坚持政治一元与个性多元相统一，有利于纠正微时代思想政治教育话语创新过程中的错误倾向。思想政治教育政治一元导向与微时代大学生个性多元化诉求之间并不是完全对立的关系。坚持政治一元与个性多元统一的目的就在于将微时代思想政治教育话语创新的方向归引于意识形态教育需要的轨道，而在创新的具体方式上更加注重大学生个性化、多元化的表达诉求，把握好"一种导向"与"多样方式"的关系。

（二）学理底蕴与现实表征相统一

在微时代的浪潮中，泛娱乐的话语语境确实存在解构崇高，变得通俗甚至低俗化的倾向。面对这一挑战，思想政治教育话语的转换与创新显得尤为重要，它必须坚守其内在的学理底蕴与外在现实表征的和谐统一。学理底蕴是思想政治教育话语创新的核心，它根植于学科本身的逻辑与道理，为"说服人"的工作提供了坚实的理论基础。而现实表征则要求话语创新必须适应微时代的话语传播特点，采用通俗化的语言，确保理论能够与时俱进，贴近现实，并易于接受。

思想政治教育在"说服人"的过程中，必须充分发挥其学理底蕴的优势。通过政治性与学理性的统一，以透彻的学理分析回应学生的疑惑，以正确的思想理论引导学生。在微时代，大学生群体拥有较高的知识文化水平和逐渐成熟的理性思维，他们更倾向于通过学理分析和学术探讨来理解和解决问题。因此，思想政治教育应当运用其丰富的理论体系和逻辑结构，以"晓之以理"的方式，向学生传达真理的价值，激发他们的精神力量。

随着信息传播的日常化及其现实性特征日益显著，思想政治教育话语必须实现一定程度的现实化转型，以政治话语和学理话语的通俗化表达来适应这一变化。这并不意味着对传统思想政治教育内容的稀释或简化，而是旨在打破学理与公众之间的隔阂，使其更好地融入社会生活，特别是青年人的生活实践中。

思想政治教育话语的转换，旨在构建一个连接学理与生活、沟通理论与实践的桥梁。在这一过程中，需要保持学理底蕴的深刻性，确保思想政治教育的核心价值与基本理念不受损害。同时，也要注重话语的现实表征，通过通俗易懂、贴近生活的语言形式，增强思想政治教育话语的亲和力和吸引力。这种转换不是简单的"通俗化"，更不是"庸俗化"，而是要在保持理论品格的基础上，实现话语表达的生动性和有效性。

具体而言，思想政治教育话语的转换需要克服两种错误倾向。一方面，要避免将"通俗化"等同于"庸俗化"，既不能为了迎合大众口味而降低理论品质，更不能歪曲、矮化思想政治教育的学理底蕴。这种"媚俗"倾向不仅无法真正拉近理论与现实的距离，反而会削弱思想政治教育的权威性和影响力。另一方面，要避免将日常生活过度政治化的倾向。虽然马克思主义理论具有广泛的指导意义，但并不意味着所有生活领域都需要用政治话语来解读。过度政治化不仅会导致话语的僵化和枯燥，还会引起受众的反感和排斥。

因此，思想政治教育话语的转换需要在保持学理底蕴的基础上，注重现实表征的多样性和生动性。通过创新话语表达方式，使思想政治教育更加贴近现实生活，更加符合青年人的心理特点和接受习惯。同时，也需要加强对思想政治教育话语创新的理论研究和实践探索，不断完善话语转换的机制和策略，为提升思想政治教育的实效性提供有力支持。

（三）理性认知与审美观照相统一

在微时代背景下，话语议题的丰富多样性为青年群体打开了一扇探索世界和发现美的窗户。青年一代不仅致力于追求科学精神的严谨与精确，同时也渴望在人文精神的熏陶下实现心灵的升华。思想政治教育，作为一种旨在塑造人的实践活动，其话语体系、教育功能以及核心目标，都深深根植于科学与人文的双重土壤中，它是对真、善、美的不懈追求。

在微时代语境下，思想政治教育的话语创新应当坚守理性认知与审美观照的统一。理性认知，作为德育的基石，它旨在培养青年群体对道德规范的深刻理解与准确判断，是构筑坚实的道德认知结构的必要条件。审美观照则在此基础上进一步升华，引导青年在美的体验中感受心灵的陶冶与净化，实现德育的更高境界。这种晓之以理、动之以情、感之以美的教育方式，不仅是思想政治教育发挥德育作用的重要途径，更是其话语创新应当遵循的原则导向。

在微时代信息爆炸的背景下，青年群体面临着前所未有的道德判断挑战。他们需要在海量信息中甄别是非、辨别善恶、鉴赏美丑。因此，培养青年群体的道德判断能力，成为思想政治教育立德树人的基础。在这一过程中，道德认知的基础性地位不可忽视，它是构建个体道德理性的基石。思想政治教育应当通过社会主义核心价值观等意识形态信息、道德规范话语，引导大学生形成符合社会需要的道德理性，并在实践中不断锤炼和升华。

然而，传统的思想政治教育在某些方面存在过于侧重理性教育的倾向，而相对忽视了非理性教育的重要性。在微时代，这种倾向更应得到纠正。教育不应仅仅停留在知识的灌输和记忆上，更应注重启迪人的心灵、引导人向善向美。因此，思想政治教育在坚守理性认知的同时，也应当注重审美观照，让青年在美的体验中感受心灵的陶冶与净化，实现德育的更高境界。

在探讨思想政治教育话语创新的进程中，美育育人的作用显得尤为关键。这种创新并非单纯追求形式上的变革，而是深刻地体现了对德育与美育融合育人理念的深刻理解和积极实践。通过德育的理性认知教育与美育的审美观照体悟的有机结合，旨在实现人的全面自由发展，这是思想政治教育的根本任务和终极目标。

在理想人格特征中，人的全面自由发展被赋予了极高的价值，它不仅仅指外在技能的增长，更强调内在心灵的丰富和充实。美育在此过程中发挥着不可替代的作用，它追求的是人内心舒畅自由的状态和诗意人生的境界。美育通过诗、乐等艺术形式，滋养人的性情，提升人的精神，使人忘却功利，达到内心的纯净和升华。"德育美育化"作为一种创新的教育理念，提倡在德育中融入美育的元素，通过审美心理和审美能力的培养，影响品德心理，从而实现德育目标。这一理念强调了在思想政治教育中，不仅要有理性的引导，更要有感性的共鸣，让受教育者在美的熏陶中自然而然地形成良好的品德。

在微时代背景下，思想政治教育话语创新面临着新的挑战和机遇。微媒体的发展为大学生提供了更加广阔的个性表达和自我展示的平台，也为思想政治教育话语的创新提供了更多的可能性。通过微媒体的艺术形式，我们可以更加生动地展现德育与美育的结合，使受教育者在欣赏美的同时，感受到德育的力量，从而促进个性的全面自由发展。

三、微时代大学生思想政治话语创新的功能

语言符号是包含了某种精神意义的载体，具有符号表征的大学生思想政治话语兼具工具性和价值性双重属性，具有政策宣传与政治动员、信息传播与舆论引导、协调整合与价值导向的功能。

（一）政策宣传与政治动员功能

思想政治教育话语作为代表一定阶级利益的"官方话语"，其最大功能就是政策宣传和政治动员。这是思想政治教育话语的主要功能，而大学生思想政治话语面向大学生群体自然也具有这样的功能。

1. 政策宣传功能

政策是国家党政机关为实现其所代表的阶层利益，以权威的方式规范性规定在一定时间里，应该要实现的努力目标、遵守的办事原则、完成的确切任务、实施的工作方式、采取的普遍步骤和确切措施的综合。所谓政策宣传，就是国家、政党以多种多样的形式将其制定的方针政策在群众中传播，以此影响群众的思想和行为。大学生思想政治话语具有宣传和普及主流思想意识、政治观念，以增进大学生政治认同的光荣政治使命。作为国家价值观、信仰体系和思想方式的主流意识形态，并不是完全和大学生的思维方式、人生信念、生活态度等同的。所以需要通过大学生思想政治话语对国家的各类方针政策进行转化和宣传。微时代大学生思想政治话语表达更加多样、传播方式更加多元，更加便于向大学生普及国家政策的具体内容，以阐释政策的正确性与可行性。

2. 政治动员功能

社会主义意识的灌输，其实就是政治动员。政治动员指的是国家为了组织、鼓励社会成员实现当前主要目标，促进公民的政治参与而进行的广泛的政治宣传教育活动。大学生思想政治工作是对大学生进行政治动员的主要途径，而话语是

开展政治动员最有力的工具。有力的思想政治工作话语具有很强的感染性,能够在学生内心引起共鸣。大学生是社会主义建设事业的中坚力量,充分利用微时代传播的便捷性、迅速性、广泛性,运用大学生思想政治话语对大学生进行有效的政治动员能够激发大学生对祖国的强烈认同,激励他们对党领导的革命、建设和改革各项事业的关注、支持和参与。

(二)信息传播与舆论引导功能

话语是信息传输的主要中介。在大学生思想政治工作中无论是说出来还是写下来的话语,都承载着对信息的传递、描述和阐释。信息传播是大学生思想政治话语最基本的功能。而大学生思想政治工作的政治性和意识形态性决定了大学生思想政治话语的舆论引导功能。

1. 信息传播功能

信息传播是大学生思想政治话语的基本功能。信息传播是指个体或团体之间通过符号和媒介传递交流信息、观念、思想、态度等的活动。信息的传播者和接收者相互影响。大学生思想政治工作其实也是将统治阶级要求的思想观念、价值观点、道德规范等内容通过特定的形式输送、传达的一种言说活动。教育者依靠一定的话语通过课堂讲课、交流沟通等途径向大学生传播具体内容。话语在这里承担了信息符号与载体的角色,只不过这种载体是软性的、不可见的。与具体的、有形的形式(授课、谈话等)不一样的是,大学生思想政治话语可以将彼此关联的各种信息组成有完整意义的内容传达给大学生。不仅是显现出来的理论知识,还包括隐性的态度、立场与情感等,这种信息传播功能的实现贯穿思想政治工作的始终。微时代是信息传播的全新时代。微时代的高分享性、即时性、便捷性等特征无疑大大增强了大学生思想政治话语的信息传播功能。

2. 舆论引导功能

舆论是公众在特定环境中对某些问题、事件趋于一致的看法、态度的总和。它对人们的思想具有无形的约束力。所谓舆论引导是指有意识地对社会舆论进行评价和引导,使人们的思想、观念、看法、态度趋于正确和科学。

大学生思想政治话语在面向大学生宣传中国特色社会主义理论体系、推广社会主义核心价值观、推进马克思主义大众化的进程中具有方向性的引导功能。大学生思想政治话语往往能够通过直接明了的方式来影响和说服大学生，使其形成普遍意识；能通过传播方向正确、立场鲜明的观念来占据社会舆论的主导地位，同时对偏颇落后的思想进行疏导与转化。良好的话语表达具有极大的号召力和渗透力，能潜移默化地引导大学生进行正确的思考和判断。在微时代下，各种思想意识、文化观念交融交锋，世界各国的主流价值观在虚拟空间中频频碰撞，意志力薄弱、价值观尚未完全树立的部分大学生易被误导，这就使大学生思想政治话语的导向作用变得更加重要。以社会主义主流意识形态为核心的大学生思想政治话语应积极发挥舆论导向功能，有效传播主流引导话语，弘扬社会正气，营造良好的思想舆论氛围。

（三）协调整合与价值导向功能

微时代大学生思想政治话语不仅是信息传播的载体，对信息有传递、描述功能，而且是理论的调节者和价值的建构者，具有协调话语内容、建构价值认同的功能。

1. 协调整合功能

协调是指正确处理事物内外关系，使各种因素配合得当。整合就是把零散的东西通过某种方式衔接，使其形成有价值的整体。所谓协调整合是指通过某种方式使事物内外因素协同配合、搭配衔接，以发挥出事物更大的价值。大学生思想政治话语具有"两面性"。一方面，大学生思想政治工作担负着社会主义意识形态灌输的职责，具有绝对政治性和权威性；另一方面，校园中自由的学术氛围、自在的生活环境，微时代中开放的语言环境、轻松的交流空间，又要求它必须消除高高在上的"威权性"以适应思维活跃、追求独立的大学生群体。这二者从某种程度看是相悖的。而大学生思想政治话语的意义就在于，能让意识形态的权威性与学生自由平等的需求之间实现协调与整合。大学生思想政治工作话语是国家政治思想与大学生的纽带，是让广大大学生认识到国家层面的思想观念、道德规范的"传送带"。同时它也是思想政治工作者与大学生的桥梁，是教师完成"传道授业解惑"任务必不可少的载体。大学生思想政治话语的协调整合功能使国家要求的"强制性"与大学生自由发展的"个性化"得到了恰到好处的融合。

2. 价值导向功能

价值从哲学上看是指在实践基础上形成的主体与客体之间的意义关系，是客体对个人、群体乃至整个社会生活和活动所具有的积极意义。导向是指使事物朝某个方面发展，是指引的方向。所谓价值导向是指个人、群体或组织从多种价值取向中，将某种取向确定为主导追求方向的过程。微时代大学生思想政治话语并非仅仅蕴含客观的理论知识，它还依附于教育者的价值倾向，带有明确的价值指向性，具有极强的价值构建功能。思想政治教育话语一旦涉入有计划、有目的的思想政治教育活动，必然把社会主导的积极价值观折射到消息传递之中，帮助受众建构价值追求和信仰世界。这是大学生思想政治话语最难实现的功能。针对大学生的价值观与人生观的灌输，大学生思想政治话语带有明显的方向性、建构性，且其信息中含有明确的立场、态度与隐性的思想、感情。大学生思想政治工作者在通过微媒体平台传播思想政治理论的过程中，会有意识地通过话语引导大学生，力求大学生在思想认识上与传达内容的趋同。让大学生实现在政治思想上的认同，也就实现了大学生思想政治话语的价值导向功能。

四、微时代大学生思想政治话语创新的意义

信息技术日新月异，微时代传播方式和交流方式的变化给大学生思想政治话语带来了机遇与挑战。作为大学生思想政治工作开展的中介，话语既是思想政治工作得以完成的必要手段，也是承载了思想政治工作内容的思想表征。加强微时代大学生思想政治话语创新建设具有重要的现实意义。

（一）引导大学生形成正确的"三观"

高校大学生作为网民群体中的主力成员，其智力开发、品德培养甚至于体能健康都受到网络的影响。"微时代"虽然只是整个网络时代中的一隅，但是对大学生的影响却丝毫不减。

一方面，微时代的到来改变了传统的教育观念，使教育资源得到最优化的配置和充分的利用，让自主学习真正成为可能。大学生可以自主获取思想政治教育的内容，他们的创新思维得到激发，学习的主动性也随之增强。

另一方面，微时代背景下，未经严格筛选的各种良莠不齐的观念，容易造成

大学生道德失范。并且，多姿多彩的虚拟环境极有可能使大学生沉迷，带来一系列心理疾病和心理障碍问题。这都会成为大学生树立正确世界观、人生观、价值观的阻碍。

大学生思想政治工作的目的是教育、管理和服务，是帮助大学生形成正确的"三观"，引导大学生健康成长。加强微时代下大学生思想政治话语建设，引导大学生在自主学习的条件下理性辨别多元化的信息，是关注大学生身心健康发展，引导大学生树立正确的世界观、人生观、价值观，助力大学生自由全面发展的题中之义。

（二）把握高校意识形态工作领导权和话语权

意识形态性是大学生思想政治工作的本质属性。意识形态的领导权和话语权作为思想政治教育的理论引擎，表达着利益诉求和现实制度的被认同和被接纳程度。牢牢掌握高校意识形态工作的领导权和话语权，离不开对高校意识形态话语权的掌控。利用微媒体在网络空间高扬意识形态大旗，深化思想政治教育的意识形态功能，进而加强对大学生主流意识形态的引导，帮助大学生去伪存真，提高政治辨识力，巩固马克思主义的指导地位，实现大学生对领导阶级意识形态的政治认同。这是加强主流意识形态的凝聚力和引领力，掌握高校意识形态工作的领导权和话语权的基本保证。

（三）推动大学生思想政治工作实践创新

创新是民族进步的灵魂，是国家发展的第一动力。大学生思想政治工作作为政治性、现实性和综合性极强的实践活动，必须不断适应我国政治、经济、文化、社会的发展，不断创新发展。这就要求大学生思想政治工作要与时俱进，跟上国家发展的脚步。在新时期，我国正朝着建设网络强国的目标稳步前进，互联网是我国发展的重要驱动力。微时代是互联网时代的缩影，大学生思想政治话语是大学生思想政治工作得以进行的媒介和载体。微时代作为信息传播的全新时代，对大学生思想政治话语在内容和形式上都提出了新的要求，其本身蕴含的时代新变化也给大学生思想政治话语带来了新契机。在微时代下，大学生思想政治话语内容更丰富、话语表达方式更多元、话语传播渠道更多样。教育者独享话语权的局面也被打破，主客体之间由传统的单向互动变为双向互动。充分把握"微时代"带来的信息传播优势，加强微时代大学生思想政治话语建设正是不断推动大学生思想政治工作与网络融合，实现创新发展的必然要求。

第二节 构建微时代大学生思想政治教育话语的创新框架

大学生思想政治话语是一个复杂的话语体系，由不同类型的话语构成。政治话语、文本话语、学术话语、日常话语共同构成了完整的大学生思想政治话语体系，各部分话语之间相互独立却也相互联系、密不可分。

一、政治话语

政治话语，顾名思义是指在各种政治活动中的政治性表达话语，包括政府工作报告、政治会议、政治演讲、政治媒体宣传、政府各部门颁布的政策法规或文件等。政治话语是国家权力的象征，是中国共产党的性质、宗旨、纲领、路线、方针、政策的直接表达，具有绝对的权威性和不可争辩性。这套话语系统十分严谨，它包括了马克思主义的最新理论成果，是对国家不同时期大政方针政策的概括。

大学生思想政治工作是思想政治工作的重要组成部分，同样也代表着统治阶级的意志和利益，受统治阶级主导意识形态的支配。作为其思想载体的大学生思想政治话语也必然具有鲜明的意识形态性，具有宣传和普及主流思想意识、政治观念，及增进大学生政治认同的光荣政治使命。意识形态性是大学生思想政治话语的根本属性，始终占据着支配性、主导性的地位，起着引领作用。这也决定了政治使命是大学生思想政治话语的最本质特征。大学生思想政治话语的根本属性决定了政治话语是大学生思想政治话语最主要的构成形式。大学生思想政治话语的政治性、主导性、阶级性都要通过政治话语才能体现出来。如果没有政治话语，大学生思想政治话语也就不能代表领导阶级的意志和意愿，也就不能称之为思想政治教育话语了。

二、文本话语

所谓文本话语，简单的理解就是固定地书写下来的语言。大学生思想政治话语体系中的文本话语指的是代表领导阶级意志和思想，以教育引导学生为目的并以书面形式呈现的语言。大学生思想政治工作文本话语也就是教材中的话语，包括思想政治理论课教材、思想政治教育专业教材和一些宣传书籍等。

第一，根据大学生思想政治工作的需要和大学生专业学习需要，编写了思想政治理论课教材和思想政治教育专业教材。思想政治理论课教材是由国家和教育部牵头，组织专业的思想政治教育教学团队编写的。思想政治教育专业教材主要是思想政治教育学科基础理论知识的概念化和系统化，力求让大学生从整体上把握学科基本特征，熟悉并深刻领会学科知识，能正确看待当代社会以及思想政治教育领域的现实问题，进而具备综合运用理论知识分析和解决实际问题的能力。当然，使用这类教材的主要是马克思主义理论专业的大学生。

第二，总结不同时期中国共产党的思想政治教育活动的特点、经验、教训而编写的书籍。这类书籍往往由中央宣传部组织编写，实时对国家大政方针政策进行解读，且紧跟政治发展的动态，作为大学生理论知识学习的必要延伸、拓展。以上的两类教材中体现的文本话语往往逻辑严谨、表述准确、层次清晰，是大学生思想政治话语的重要构成形式。但文本话语不可避免地具有官方化、理论化、抽象化的特征，要让教材真正活起来，就要把教材中的文本话语"活用"到大学生思想政治工作实践中去。

三、学术话语

所谓学术话语，是指某个领域的学者在其学术研究、传播和交流等活动中按照相应的学术思维方式和语言风格来进行的学术表达。这将直接影响到该学术领域的生产和学术氛围的营造。大学生思想政治话语体系中的学术话语指的是具有思想政治教育学科特色和风格的理论话语。思想政治教育是理论性与实践性兼具的学科，作为马克思主义理论一级学科下的二级学科，除囊括马克思主义本体理论外，思想政治教育学科有其自身的基础理论，如思想政治教育原理、思想政治教育方法论、思想政治教育史论等。这些理论的有机结合形成了思想政治教育理论体系。

随着思想政治教育学科的不断发展，专家学者们从学理上对思想政治教育领域的若干问题进行描述、阐释和研究，思想政治教育理论体系也不断地完善。作为一门具有独立知识体系的学科，思想政治教育需要体现其学科性、学术性，也就必须要以学术话语为核心来建构思想政治教育理论话语体系，以科学客观、严谨准确的学术话语来阐释思想政治教育学科体系中的概念、范畴、关系等。大学生思想政治话语中的学术话语不仅是思想政治教育理论基础的部分，更多的是思想政治教育理论最新的研究成果、最前沿的理论知识的表征，具有超前性、预测性、前瞻性。大学生思想政治工作中的学术话语在保证专业性的同时，也能接地气，让学生易于听懂和接受，从而形成较强的影响力。

四、日常话语

所谓日常话语，是指群众在平时的生活中经常使用、口口相传的语言，具有使用频率高、使用范围广的特点。大学生思想政治话语体系中的日常话语也就是实践话语。话语本身源于实践，是一种社会实践形式的内化，在实践中产生并在实践中进行。大学生思想政治工作也是实践性的，它围绕大学生的思想行为展开，其效果要通过大学生的具体行为实践来检验。

第一，大学生思想政治话语包括党在不同历史时期的实践话语。从新民主主义革命时期、社会主义建设时期、改革开放时期到现在中国特色社会主义新时代，伟大的中国共产党人面临不同时期下国家发展的不同形势，做出了不同的探索、调整和改革。这些实践得出的话语，就是党的革命、建设和改革经验的总结和升华，这些话语是千锤百炼出来的，是经得起历史检验的话语。

第二，大学生思想政治话语包括日常生活中的实践话语。大学生思想政治工作不是死板、刻板的工作，面对思维活跃、思想开放的大学生群体，亲和力和生活化也成为大学生思想政治工作的"标配"。这就决定了大学生思想政治话语的日常化、大众化。特别是现在的大学生有一些自己的"群体语言"，这些语言是贴近大学生生活，切合大学生心理发展需要的。因此，日常生活中的实践话语也被囊括进了大学生思想政治话语体系。

第三节 微时代大学生思想政治教育话语创新的实践路径

"在互联网技术的支持与支撑下,'微时代'迅速到来,而且各类互动工具犹如雨后春笋般涌现出来,使得人们在交流、沟通过程中的话语传播方式愈加丰富和多样,也由此使得当下大学生有了更多认知社会、接触社会的机会,而当大学生享受话语言论自由带来的快乐之余,也给高校思想政治教育增加了压力和挑战,需要高校结合'微时代'背景来对思想政治教育话语进行创新,方可占领思想高地,方可发挥话语传统良性效用。"[①] 在话语创新的理念和原则指引下,思想政治教育做出"因事而化、因时而进、因势而新"的现代化转型,其具体路径可从话语内容、话语表达、话语传播和话语场域四大方面进行探索。

一、革新话语内容,创设思政微文本

在探讨思想政治教育话语的创新路径时,首要关注的是话语内容的有效承载与传递。在此过程中,寻求内容创新不仅是思想政治教育话语革新的核心途径,也是顺应"内容为王"传播规律的关键举措。特别是在微时代,提升思想政治教育内容供给质量,需要积极构建"雅俗共赏"的思想政治微文本。

"文本"作为话语的语义和内容的记号复合体,在结构主义和后结构主义的视角下,承载着传递信息、构建意义的重要功能。面对微时代大学生信息接收的多元化与碎片化趋势,思想政治教育话语必须打破传统的文本范式,实现文本内容的创新。这种创新应追求"雅俗共赏"的境界,即在保持话语的理性、美感与通俗性之间找到平衡,从而确保思想政治教育信息在微时代的话语洪流中脱颖而出,深入人心。

实现"雅俗共赏"的思想政治微文本,需要在话语文本的生成上实现多元化与融合。这包括创新生成具有中国特色、贴近民众生活、富有学术深度以及富有诗意美感的不同类型文本。通过这些文本的构建,可以将思想政治教育话语的政

[①] 潘强."微时代"高校思想政治教育话语创新探索[J].高教学刊,2021,7(28):55.

治引领性、说理性、现实性和美育性原则相结合，使思想政治教育内容更加贴近时代、贴近群众、贴近生活。

（一）生成中国话语文本

微时代下，多元价值观话语的传播错综复杂，错误思潮甚嚣尘上，这就要求思想政治教育话语文本中涵括具有主流价值引领作用的中国话语文本，发挥其政治引导作用。思想政治教育建构中国话语文本内容，是引导大学生增强中国特色社会主义道路自信、理论自信、制度自信、文化自信，厚植爱国主义情怀的必然要求；同时也是中国在国际舆论场争夺话语权对思想政治教育话语变革提出的新考验。中国话语文本应建构在马克思主义理论及其中国化最新成果的理论基础上，传承中华优秀传统文化之魂。

第一，生成中国话语文本首先要以坚持马克思主义基本原理为前提。这意味着，在微时代语境下思想政治教育话语的创新拒绝封闭僵化，但不走改旗易帜的邪路。马克思主义是指导中国共产党带领中国人民走过站起来、富起来、强起来的理论之根、信仰之基和力量之源。马克思主义话语以其自身的深刻洞察力和生动表现力，为思想政治教育铺设了文本基础。思想政治教育话语创新要坚持马克思主义的基本立场、观点和方法，在新的时代境遇下促进话语具体内容的与时俱进。

第二，思想政治教育要加强对习近平新时代中国特色社会主义思想话语文本的吸收。习近平新时代中国特色社会主义思想是马克思主义中国化的最新理论成果，思想政治教育要用中国话语讲好21世纪的马克思主义。致力于讲好党中央治国理政新理念、新思想、新战略，讲好实现中华民族伟大复兴过程中的中国故事。习近平新时代中国特色社会主义思想是当前新时代的历史方位下党的指导思想与时俱进的创新，其中包含对中国特色社会主义发展阶段、伟大事业、主要矛盾等维度的创造性论述，"八个明确""十四个坚持"更是为新时代坚持和发展中国特色社会主义提供了战略纲领性指导。思想政治教育话语文本应及时汲取、更新相关内容，以习近平新时代中国特色社会主义思想凝聚共识，汇聚中国力量。

第三，生成中国话语文本应汲取中华优秀传统文化的有益养分，稳固文化自信之根。思想政治教育话语以社会主义核心价值观为引领，而社会主义核心价值观的培育必须立足中华优秀传统文化。中华优秀文化源远流长、博大精深，它是华夏儿女共同的文化基因，尤其是以儒学、道学为代表的中国优秀传统文化蕴含着古代哲人的思想智慧，可为思想政治教育话语文本创新提供宝贵的思想资源。中华优秀文化中讲仁爱、重民本、守诚信、崇正义、尚和合、求大同的基本理念与社会主义核心价值观相契合；民为邦本、仁政德治、礼法合治等政治理念为国家治理体系的完善提供了思想智慧；民胞物与、天人合一等思想则显示了中国古代哲人对人与自然和谐共生的超越性认识，与促进人类可持续发展的现代精神有高度的融通性；而中华传统文化中关于立德修身、正心诚意、义理统一、知行合一、止于至善等育人智慧则成为思想政治教育立德树人宝贵的话语资源，将中华优秀传统文化融入思想政治教育，对增强话语文本的文化底蕴、汲取优秀传统文化智慧、筑牢文化自信、提升文化软实力具有重要意义。

（二）生成学术话语文本

在微时代纷杂的舆情面前需要明辨是非，泛娱乐的传播环境需要学理导知，这都需要思想政治教育话语文本涵括说理性的学术话语文本，以强大的学理性和思想性"说服人"，从而正面引导人。推动思想政治课改革创新要注重增强思想政治课的理论性、思想性，要坚持政治性和学理性相统一。说理性的学术话语文本发挥着彰显理论思想性，尤其是在微时代"泛娱乐"环境下保证思想政治教育原有的理论品质的作用。

说理性是要完成用话语"说服人"的功能，而思想性是思想政治教育作为马克思主义学科说服人的根本要求。思想政治教育以主流意识形态规范引导学生，实际上也是做"说服人"的工作。理论只有彻底才能说服人，马克思主义理论作为创设思想政治教育学术话语的根据，其科学性和真理性的鲜明特征是其能够彻底说理的基础。马克思主义的世界观不是教义，而是方法。其中的矛盾分析方法、发展观、联系观、总体性思想等都是抓住事物根本的认识方法，也是构成思想政治教育学理话语的思想内核。高校思想政治课教师应加强自身理论素养，用富含哲思的教育内容提高话语的解释力和分析力，特别是针对微媒介上被广泛关注的社会现实和热点话题，更要能以身作则，主动运用马克思主义的基本观点和方法加以回应和引导，向大学生展现思想政治教育话语的学理基点和理论魅力。

在学术话语讲授过程中，教师要善于将教科书上生涩的理论知识，转化为大学生易于理解和接受的话语信息，减少学术话语的圈层隔阂。思想政治教育学科涉及较为高深晦涩的马克思主义经典作家论述，与哲学、政治学、逻辑学等学科有所交叉，其中不乏学科体系内的专业概念，对于尚处学术之门外的大学生来讲，具有一定的理解难度，呈现出排他和学术圈层化的趋势。但理想的思想政治教育学术话语文本并非"书斋式"高悬于学生思维能力之上的话语内容，而是经过转化了的适应学生学习需要的话语文本。这就需要教师积极了解学生的知识背景和思维能力，富有机智地做出符合学生接受水平的话语转化，切不可为了凸显话语内容深奥的思想性而自说自话，全然不顾学生的接受程度。因此在学术话语内容选择上要尽可能与学生的原有知识水平相匹配，并在此基础上选择能够启发其思维的内容。

创新大学生思想政治理论课的学术话语体系，必须坚持"学理优先"，注重培养马克思主义理论学科思维。话语文本以"马克思主义工程"教材为基础，加强对马克思主义经典著作的研究品读，帮助学生学深悟透，增强理论素养。思想政治课教师要善于提炼马克思主义学科的经典论述，总结科学的思维方法，善于将当代中国马克思主义的理论成果及时转化为课堂语言，并通过教学过程让话语文本转化为学生的理论自觉和政治信念，以深刻的学理思维武装其头脑。

（三）生成生活话语文本

微时代个性化的话语内容，遵从生活逻辑，表达现实生活中青年群体的所思所想，具有极强的现实性。实际上，教育也应是面向现实的。回归生活世界，是技术理性下教育的转向。大学生思想政治教育对象是生活在现实世界的大学生群体，这就要求其话语内容创新需要与青年话语相贴近。也就是说，话语创新应树立生活化方向，研究微时代生活话语，借鉴生成具有现实性的生活话语文本，增强思想政治教育的亲和力。

第一，生成生活话语文本意味着思想政治教育和意识形态教育中的话语内容向大众生活靠近。这意味着揭示主流意识形态的生活意蕴与日常生活的意识形态价值，建立起日常生活与非日常生活之间的良性互动。思想政治教育话语应搭建起通往大众日常生活话域的桥梁。思想政治教育作为兼具理论性与实践性的教育活动，其话语内容的形成建立在现实生活中的社会关系、交往行为等感性活动上，且从这些感性活动中上升为关于"符合社会现实的思想观点、道德规范"的理性认识，因此思想政治教育话语与生活话语之间具有融通的可能性，使主流意识形态话语"接地气"，才能更广泛地"入人心"。话语创新的生活化转向正是要走进现实生活，用人们听得懂的话来讲信念、讲政治。

第二，生成生活话语文本要关注大学生的现实需要，从实际生活中寻找与思想政治教育目的相适切的话语资源。思想政治教育要做好培养人的工作，使教育内容深入人心，就需要关注大学生群体在不同阶段的发展需要和现实诉求，因势利导。实际上，各微媒体平台为大学生表达真实想法、抒发情绪拓宽了空间。借助网络，可帮助思想政治教育工作者了解大学生关注的现实性问题，以及他们的话语偏好等，并从中找到现实生活中与思想政治教育相通的话语源。以现实话题作引，引导学生自觉用科学的思维方法看待事物，面对现实生活中的大事小情做出正确的价值判断和价值选择。

第三，生成贴近大学生的生活话语文本还需要重视对网络语言的借鉴吸收。思想政治教育工作者在与大学生的教育和生活互动中，恰当使用网络流行语也使交流过程更贴近大学生的生活，使思想政治教育内容更接地气、更具亲和力。这需要思想政治教育工作者改变对网络语言的偏见，辩证地看待网络流行语。应在层出不穷的网络流行语中把握主流价值引领的方向，甄别带有不同价值观导向的网络语言，正确施加引导。比如，就深受青年群体喜欢的网络流行语"佛系"来讲，这一网络新词表现了在快节奏学习、生活中的大学生面对压力时采取的一种平和、淡然的处理方式。这一方面表现了他们随遇而安的生活方式，体现其善于调节自我的心理状态；另一方面却也潜藏了他们对竞争的逃避心理，隐藏着一种消极的处世态度。可见，深入挖掘网络语言的内涵，可以帮助思想政治教育工作者把握好大学生的思想状态，对症下药。而在与大学生的交往中，恰当使用一些具有积极正面效益的网络流行语，使思想政治教育接地气的同时体现正面教育的作用。

（四）生成诗意话语文本

诗意话语文本的创设是基于微时代思想政治教育坚持理性认知与审美观照相

统一的原则提出的。在当前的德育进程中，"诗意德育"越来越受到教育工作者的重视，它倡导对学生进行道德教育时，应该以情感的力量为核心，置德育于情境化、生活化、审美化、生命化的历程中，使学生的道德素养不断升华，并逐渐转化为善良、仁爱、悲悯的人格，提升学生内在的幸福感。诗意德育显示了德育美育化的新追求，试图纠偏长期以来德育过于重视知识教育的倾向，调和理性认知与审美培养的矛盾，以诗意促德育。

中国自古以来就是一个诗的国度。以诗蕴情、以诗比德是中国古人表达审美与哲思的途径。这启示在思想政治教育语言的使用上，要注重语言的文学性、艺术性，将马克思主义原理与中华优秀传统文化交融，巧妙地化僵硬的知识教条为精致的思想盛宴。以物比德是中国古代诗人喜爱的表达自身德行追求的方式，其中最典型的当属以"岁寒三友"比君子的坚韧道德品质。刚正的思想政治教育吸纳中华优秀文化中的诗意话语，发挥诗歌在人格陶冶上的文化魅力，启迪学生跳脱现代技术理性的桎梏，引导其感受精神生活的熏陶和丰富。

另外，微时代多媒体活泼生动的信息内容为诗意话语的生成提供了丰富的话语资源。比如，借鉴微媒体上制作精良的音乐、小说、朗诵、微电影、小品等多媒体形式，将其融入思想政治教育主题中，以诗意的艺术表达方式营造美学话语场，寓美于德，引德于美，使"美"与"善"在话语中交融。中央电视台推出的大型诗词文化音乐节目《经典咏流传》就采取"和诗以歌"的创意，用现代艺术形式演绎传统文化，彰显文化自信与审美育人的作用。节目中，支教教师梁俊结合清代袁枚诗作所创作的歌曲《苔》便以"白日不到处，青春恰自来。苔花如米小，也学牡丹开"激励山区孩子不因环境恶劣而丧失成长的勇气。节目播出当天，"一首孤独了300年的小诗"登上了微博热搜，引起公众热议。诗以道性情，诗意本是流淌在华夏儿女血脉中的文化基因，有着润物细无声的感化教育作用，应受到思想政治教育的重视。诗意话语的融入，使话语体系充盈着人文精神，弥补了大学生思想政治教育话语体系学理的晦涩性，让德育与美育结合，发挥"润物细无声"的浸润作用。

二、创新话语表达，构筑思政微风格

如果说话语内容是"内核"，话语表达方式则是包裹着它的"外壳"。大学生思想政治教育话语内核具有意识形态教育宏观引领的特征，较之微时代具象生活化的资讯，其对于大学生的吸引力较小。因此，有效传递思想政治教育话语内容的内核，需要借力"表达方式"的外壳，借鉴运用大学生喜欢的表达方式开展思想政治教育，增强其吸引力。

（一）灵活转变话语叙事方式

政治引导是思想政治教育的基本功能，这就使其话语语境与表达上具有严肃宏大的特点，偏重宏观的叙事方式使它与习惯于微时代话语特点的接受主体之间连接中断，乃至陷入"失语"境地。转变话语叙事方式，将政治引导的宏观叙事与微时代的微观叙事特点结合起来，是当前思想政治教育话语创新的思路之一。

第一，转变话语叙事方式要关注大学生群体的微观生活。微时代聚焦个体生活，凸显生活化和个性化是其主要特点。纵观微博热搜、微信朋友圈、微信视频号推送中备受关注的信息内容，其话题多集中在微观的具象生活上。因此，思想政治教育者应改变过去"自说自话""空谈义理"式的叙述方式，要积极向大学生靠近，了解、关注他们所关心的话题。大学生个体的生活境遇不同，他们多关注与自己密切相关的具体生活议题，而对于政治性宏大的话语表达形式往往采取敬而远之的态度，这启示思想政治教育工作者要采取宏观叙事与微观叙事相结合的表达方式，拉近思想政治教育内容与大学生生活的距离。

第二，在探讨思想政治教育话语叙事方式的转变时，必须强调灵活性和多样性。除了传统的理论宣讲外，引入如"故事叙事"在内的多种叙事策略显得尤为关键。故事叙事、影视叙事、文学叙事等多样化的叙事方法，为思想政治教育话语的表达注入了新的活力。故事叙事以其独特的魅力，将抽象的理论知识转化为具体的、引人入胜的故事情节，使教育对象在享受故事的过程中，自然而然地形成对政治理念和思想观点的认同。习近平总书记强调的"讲好中国故事，传播好中国声音"，正是对故事叙事在思想政治教育中重要性的高度认可。在思想政治教育实践中，教育工作者通过讲述富有教育意义的故事，如红军长征的英勇事迹、焦裕禄的无私奉献等，将深刻的道理巧妙地融入故事情节中，实现了隐性教育的目标。这种叙事方式不仅符合人们的认知规律，也更容易被接受，使正面的教育影响在潜移默化中实现。

（二）创新借鉴微话语组织形式

在数字时代的语境下，对微话语组织形式的深入探索与创新运用，为思想政治教育的话语表达开辟了新的路径。这一过程不仅体现了对传统媒体话语体系的继承与发展，更是对数字媒体技术的有效融合与利用。通过精细加工和改造传统话语，以更符合当代大学生接受习惯的方式呈现，显著增强了思想政治教育信息的传播力和亲和力。

在微时代的背景下，大学生群体形成了独特的"微话语组织形式"，这种形式以其新颖、多样和互动性强的特点，成为青年群体话语表达的重要载体。从段子体、轻小说到表情包、漫画、微视频等，这些丰富多彩的信息组织方式不仅反映了青年人的审美偏好，也体现了他们对于信息接收和传播的独特需求。因此，在思想政治教育中引入这些元素，有助于打破传统话语的壁垒，拉近与大学生的距离，使教育内容更加生动、有趣，更易于被接受和理解。

这种对微话语组织形式的运用，不仅丰富了思想政治教育的话语体系，也为其注入了新的活力。通过借鉴网络媒体中那些制作精良、富有正能量的话语表达创新形式，思想政治教育可以更加灵活地运用各种信息组织方式，将教育内容以更加丰富多彩、生动有趣的形式呈现出来。这不仅能够提升学生的学习兴趣和参与度，还能够使教育内容更加贴近时代、贴近生活，更好地满足学生的实际需求。

第一，可借鉴使用"微动漫"等二次元的话语表达形式。网络二次元表达方式以动画、漫画、游戏、小说等为主要展现形式，是一种独特的青年话语呈现方式，契合了青年人的某些现实诉求，故而呈现出较强的传播亲和力。如果加以正面引导，能够在主流价值观的指引下为思想政治教育所用。在网络社区 Bilibili 网站上，视频博主创作上传的《中国唱诗班》系列微动漫作品便是典型的例子。这一作品采用微动漫的表达方式，以制作精美、中国风韵味十足的画面，对应讲述了一首首中国传统诗词背后的故事。将思想政治教育所要宣传的中国传统文化的精髓和风韵融入动画的表达方式中，在观看视频的过程中，潜移默化地让观众生发出对中华文化的自信与认同。

第二，制作精良的微电影以其在青年群体中强大的吸引力优势，成为微时代主流价值观宣传的又一新方式。在 2019 年中华人民共和国成立 70 周年之际，共青团中央官方账号在微博发布了《头条里的青春中国》微电影，引发青年们的热烈反响。该微电影邀请深受青年喜爱的正能量演员出演，展现了在建设中华人民共和国历程中的先进典型人物如邓稼先、袁隆平等的青春奋斗历程，将厚重的历史与生动的表达相结合，引导新时代青年砥砺前行、担当有为，也起到了良好的思想政治教育作用。

第三，可借鉴微话语组织形式，变革主流意识形态宣传的话语风格。央视新闻官方微博推出的《主播说联播》栏目巧用段子体和时下最流行的竖屏短视频形式，以幽默诙谐的方式传播正面价值观，让主流话语的宣传更深入青年人心。

灵活运用微话语组织形式这一表达工具，意味着思想政治教育工作者要主动积极地向青年文化靠近一步，以青年喜闻乐见的表达方式传递正面价值观，大大提升主流话语的吸引力和亲和力。

（三）构建话语双主体对话模式

微时代平等、包容、互动的传播特点助推了现代教育理念中师生平等观的诉求。从话语作为一种对话实践的角度看，大学生思想政治教育本身应是一种教育双方平等地进行话语互动的过程，在对话的方式上应构建刚柔并济的话语双主体对话模式。

双主体对话模式的提出建立在对过去思想政治课课堂"教师说学生听"的单向式教育模式的反思上。在教育资源集中于教师的年代，教师单向灌输给学生知识是高效率传播文化知识的必需。但在如今的微时代，网络正渐渐地使师生获取教育资源的机会日趋平等，大学生作为学习的主体，具备在互联网提供的海量信息中选择自己所需要的、感兴趣的教育信息的能力。世情、学情上的新变化要求思想政治教育者转换思维，将单向灌输式的教育模式转变为双主体对话的教育新模式。思想政治教育过程中引入对话教育，对于凝聚共识、内化德育影响具有重要意义。

构建双主体对话的教育模式，首先要肯定大学生是平等的话语实践主体，积极促成对话。思想政治教育者是话语内容的传播者，是毋庸置疑的话语实践主体，而大学生是学习的主体，享有表达自我的权利，也是完成话语实践关键的对话一方。重视并保障受教育者的主体性是促进传统思想政治教育模式改革的关键。学生接受思想政治教育内容应是学生主体发挥能动性，主动择取信息加以吸收的过程，学生是具有主观能动性的话语实践主体。在双主体对话的教育模式下，学生成为主动的话语发出者，通过在网络媒体上收集整合信息，与教师在资讯获取上的机会相对平等，在课堂中通过表达、沟通、倡议等方式，有利于形成平等、合作、沟通的互动式教学，促进教学相长。提高学生接受思想政治教育的效果，需要变"灌输"为"唤起"和"疏导"，通过平等的对话与互动，激发学生向真、向善、向美的内在动力，唤起善端；对于对话过程中学生暴露的思想和心理问题，应给予适时的疏导。因此，大学生思想政治教育工作者要善于利用微媒体为学生表达自我、寻求对话搭建平台，在师生双向平等对话的过程中，通过相互之间的话语互动与心灵沟通，达到教学相长。

构建双主体对话的教育模式，对思想政治教育工作者而言，还涉及采取什么样的方式去对话的问题。在对话方式的属性上，存在刚和柔两种不同的取向。由于政治观念宣传的特殊性，长期以来的思想政治教育课程往往偏重社会本位，教育话语以结论和要求导向的"当为"与"不当为"为主，具有较强的刚性特点。刚性的对话方式满足意识形态教育严谨、理智、有力量的需要，但过于刚性也缺乏人性关怀，缺乏温暖和情感的慰藉。这时，微时代生动温情的话语方式就为我们带来启示，柔性话语的调和显然更适合用在与年轻且涉世未深的大学生的对话中。2020年五四青年节 Bilibili 网站平台发布的微演讲《"献给新一代的演讲"——后浪》便给思想政治教育工作者如何用好柔性话语方式，有效对话提供了参考。该节目试图以平等的姿态，以欣赏、赞许、激励的态度寻求与青年人的对话，这是一种话语对话方式的转变，以柔性的话语内容充分肯定了当代青年人的智慧、创造力与实干精神，并激励其在新的时代环境里继续开拓奋进，这一演讲在青年群体中引起了积极反响。

对于双主体对话教育模式的建构，应综合刚性与柔性两种话语表达方式。一方面，发挥刚性话语的意识形态教育功能。思想政治教育需要以刚性话语加大政治引导的力度。教育、引导大学生明辨是非曲直，必须以明确的"当为""不当为"严格要求学生。在关乎国家安全、人民根本利益的大是大非的问题上，立场必须坚定，这也就需要以刚性的话语对话风格加以确认。另一方面，发挥柔性话语在情感化表达，促进德育过程情理交融的作用。柔性话语建立在平等和尊重上，关注学生的内在需要，重视情感因素在培养学生品格中的作用，寓情于理，以情化人，是"以人为本"教育理念的价值体现，使情感、态度和价值观的认同春风化雨般浸润到学生的内心里。意识形态教育的规范原则所带来的力量感与人文教育人性关怀所带来的温暖感统一于思想政治教育对话中，才能培育出有气节又不失生气的时代新青年。

三、话语传播创新，健全思政微模式

传播力和影响力是衡量思想政治教育效果的重要因素，这意味着思想政治教育话语创新除了要做到"内容为王""表达生动"，还需要"传播有效"。在话语传播创新上，要健全构建广泛有效的思想政治微模式。其中，"广泛"意味着主流价值观信息的传播广覆盖，对大学生群体有广泛的影响力；"有效"强调传播效果要能深入人心，使思想政治教育话语内容成为大学生内心的普遍认同和遵照。对此，微时代传播的新经验为提高思想政治教育信息传播的广度和效度提供了参考。

（一）实现微时代精准传播

分众传播、精准传播是当前微媒体传播的成功经验，借鉴这一经验对破解思想政治教育信息传播中的"信息圈层隔阂"有积极作用。一些微媒体平台依托大数据分析和筛选技术，形成了精准对口受众的传播模式。抖音、快手、Bilibili网站、微博等网络平台可根据用户的浏览时长和点赞、关注等数据分析出其兴趣偏好类别，然后根据这些类别属性为用户推送"个性化定制"般的信息内容。这种以用户个性化需求为导向的信息传播圈深受微媒体用户追捧。通过分众传播、差异传播的方式实现主流价值观念的精准传播是提高思想政治教育话语传播实效的重要途径。

第一，利用大数据技术进行受众分析，提升思想政治教育传播内容的针对性。借鉴微媒介"个性化推送"的传播策略，针对不同类别的差异化学生群体，思想政治教育工作者可通过大数据监控把握其不同的信息偏好，实现教育内容的精准传播。比如，利用校园图书馆大数据，分别分析本校、本学院、本专业学生群体的阅读偏好，把握其精神世界发展的特点，从而施加合理引导；利用调查访谈数据，分析应届毕业生择业考量的主要因素，从而为大学生规划职业人生提供现实性参考等。利用大数据等技术手段了解不同群体学生的真实关切，从而有的放矢，有针对性地施加教育影响，实现"对口味"的精准传播效果。

第二，加强思想政治教育话语信息的曝光度，实现穹顶式覆盖。虽然互联网是开放性的，但对每个个体而言，受其相对固定的信息偏好制约，每个人都有自己的"认知茧房"和信息边界。因此，实现精准传播的要诀在于利用媒介组合制造认知穹顶，即为了传达单一的核心信息，对同一目标人群以不同内容，在不同场景下重复覆盖。这启示思想政治教育要想提高传播主流价值观信息内核的影响力，需要采取措施提高曝光效应，占领网络信息传播制高点。这可从搭建高校"中心辐射型"的网络思想政治教育平台入手。高校可整合从学校、各校级组织、各学生组织，再到学生个人的多层次主体，搭建集理论学习、文化熏陶、榜样示范、休闲娱乐为一体的专门网络思想政治平台体系。全面的覆盖和积极的教育效益是其鲜明特点。通过在网站上定期开展主题思想政治教育活动，吸引更多大学生在网络平台上学习和践行思想政治教育内容，扩大思想政治教育在网络空间的辐射范围，有利于营造适宜学生接受道德熏陶、价值观教育的媒体环境，从而使其自觉地在网络世界中践行良好的道德行为。而将校园官方媒体与学生民间媒体结合，提高思想政治教育信息对全体学生的全覆盖，实现思想政治教育信息的隐性渗透，发挥对差异化学生群体的全导向。另外，具有主流价值观宣传功能的各官方媒体增加在微媒体平台上的曝光度，也是打造思想政治教育信息穹顶式覆盖的有力举措。在微博、抖音、Bilibili 网站等大学生聚集的微媒体平台上，官媒要积极作为，增加发布理想信念引领、政治信仰教育、价值观培育相关信息的频率，扩大曝光率。同时，加强正面信息引导，大力宣传榜样人物事迹，为大学生树立积极的人生理想、正确的政治认同，营造风清气正的认知空间，将信息穹顶建造在社会主义核心价值观的阳光之下。

第三，重视培育学生群体中的"意见领袖"，发挥裂变式传播价值。"意见领袖"是传播学中的一个重要理论，由拉扎斯菲尔德正式提出。"意见领袖"广泛地存在于各个人际群体中，由于其被群体成员普遍熟识、认同和信赖，往往对信息的传播具有裂变式价值，甚至具有比传播媒体工具更大的影响力。发掘学生群体中的"意见领袖"并加以正面引导，使其成为促进思想政治教育信息传播的有力力量。为此，思想政治工作者要细心观察，挖掘学生群体中具有"意见领袖"潜质的学生。重视培养"意见领袖"成为品学兼优的先进分子，使其在群体中发挥榜样教育作用，将个体教育与集体教育有机结合，营造育人的群体效应。

（二）设置适切的话语传播议题

"议题设置能力"是微媒体舆论引导力的重要体现。在微传播时代，以微博"热搜榜""话题榜""要闻榜"、抖音短视频"热点榜"、Bilibili 网站"热搜榜"等为代表的微媒介都显示出以议题设置引导网民舆论关注倾向的功能。在全媒体设置的纷繁复杂的网络议题中，思想政治教育话语要想获得关注并为青年人"圈粉"，就需要借由设置适切的话语议题实现有效传播。设置话语传播议题可以从以下两个方面入手。

第一，以"问题意识"为导向，积极回应现实生活中的热点事件和焦点问题。随着自媒体的日益发展，各类社会矛盾、利益诉求在网络空间集中凸显，经由微媒介的议题设置作用，易引起广泛的舆论关注，甚至有时会出现舆情危机。大学生思想政治教育在设置议题时，必须充分正视并及时回应这些现实性的问题。在这个意义上，大学生思想政治教育工作者应善于将社会热点问题与思想政治教育话语议题的设置相结合，并主动关照大学生的现实需要，找准话题切入点，从学生的社会实践和关注点上寻找相通的话语主题，引导学生将个人成长需要与国家政治、经济、文化、社会、生态发展中的重大问题相结合。这样才能增强议题设置的吸引力，发挥思想政治教育以彻底的理论说服人的学理属性，和与时俱进的现实关切，引导大学生在大是大非面前坚定主流价值导向。

第二，在数字化时代的舆论环境中，加强温暖、富有正能量的议题传播力和影响力显得尤为关键。网络舆论空间中的"沉默的螺旋"效应揭示了群体压力对个体表达的影响，当主流观点占据主导地位时，异见者往往因担心孤立而选择沉默，这种趋势可能进一步限制多元声音的表达。因此，构建和传播正面议题，对于打破这种螺旋效应、促进舆论场的健康平衡至关重要。

在微媒介话语圈中，尽管解构崇高成为一种风尚，但弘扬正能量的话语同样不应被忽视。正能量的话语能够激发人们的积极情感，促进社会和谐与进步。面对社会转型期复杂尖锐的社会矛盾，批判精神固然必要，但应以建设性的方式表达，而非简单的冷嘲热讽或情绪宣泄。思想政治教育工作者在网络空间扮演着重要角色，他们应主动引导舆论方向，传播温暖、正面的议题，为青年群体树立正确的价值观提供有力支持。通过加强温暖、富有正能量的议题传播，可以有效地减少网络空间的舆论戾气，为大学生群体营造一个积极、健康的舆论环境。这不仅有助于大学生群体的健康成长，也有助于提升整个社会的文明程度和凝聚力。

实际上，网络媒体中正负能量交织并存，但总的来说正能量占据主导地位。思想政治工作者应善于留心、挖掘现实生活中的善意和正义事例，使其成为思想政治教育中的鲜活素材。加强此类话语议题在思想政治教育中的传播影响力，是扶正祛邪、化解戾气的应有之义。

（三）设计隐性传播的微文化产品

在微时代的背景下，强化思想政治教育的话语权显得尤为重要。通过利用新媒体和新技术的优势，创造具有隐性传播特性的微文化产品，为提升思想政治教育话语的传播影响力提供了有效途径。这种策略不仅体现了显性教育与隐性教育的有机结合，而且通过文化熏陶、环境浸润和舆论引导的方式，大学生在无形中接受并内化正确的理想信念和价值观念。

主流媒体如中国政府网、人民日报、中央电视台等在此方面发挥了积极的引领作用。他们推出的微文化产品，如《党的十九大思维导图》和《3D版政府工作报告》，通过图表、短视频等直观的形式，将党的最新政策和政治动态生动地传达给公众，增强了信息的可读性和可理解性。同时，中央电视台打造的"三微一端"产品矩阵，以及中宣部推出的"学习强国"App，不仅丰富了思想政治教育的内容形式，也扩大了主流意识话语的传播范围。此外，一些具有文化特色的综艺节目，如《朗读者》和《中国诗词大会》，通过寓教于乐的方式，让观众在欣赏节目的同时，感受到中华优秀传统文化的魅力，进而增强了文化自信和民族自豪感。这些节目也在无形中发挥了隐性思想政治教育的作用，为大学生思想政治教育提供了新的思路和方法。

对高校而言，结合地方特色和学校特色，挖掘文化产品中的德育元素，创造具有特色的文创产品，开展丰富多彩的文化活动，同样可以增强思想政治教育话语的传播效果。例如，通过挖掘地方红色纪念地的党史学习教育价值，开展红色文化活动，可以帮助学生了解党的历史、培养爱国情怀。同时，通过优秀书籍阅读、研讨沙龙等活动，可以引导学生深入思考，提升思想素质。

高校还可以灵活打造具有特色的思想政治网站、微信公众号、微博账号等，将学生风采、校园文化与新时代脉搏有机统一，设计相关的校园创意文化产品。这些平台和产品不仅可以作为展示学生才华和校园文化的重要窗口，也可以通过隐性传播的方式，增强思想政治教育话语的传播力度和影响力。

四、话语场域创新，打造思政微阵地

微时代开拓了思想政治教育的新空间，拓展了大学生思想政治教育话语发挥作用的场域。虚拟网络场和国际话语场成为新的话语交往空间。大学生思想政治教育话语创新一方面需要适应新环境带来的新的话语传播特点，另一方面则需要发挥主导把关作用，打造风清气正的思想政治微阵地，以应对虚拟场域和国际话语场中的潜在风险挑战，增强中国话语在多种舆论场中的影响力。

（一）加强媒介把关，引领微思潮

微时代信息源多元主体的复杂性要求媒介主体要加强把关的作用。"把关人"是传播学中的一个概念，指传播中的所有信息都要经过专业人员的过滤和筛选，才能同社会公众见面。思想政治教育话语传播同样需要"把关"，这要求思想政治工作者应对信息社会中的不良信息进行及时澄清，帮助学生辨明是非，树立正确的价值观。在多元信息传播背景下，应坚持以马克思主义为引领，统合多元的社会思潮，有力抵制各种错误思潮。

第一，建设一支拥有较强媒体素质和技术水平的教师队伍，使其成为教育信息传播的管理者和引导者，做好信息的把关监管和对师生网络舆情的回应反馈。这支队伍可以由思想政治工作者牵头，广泛吸收网络技术教师和其他师生骨干共同组成，对校园网络舆情信息进行即时监管和反馈。对于学校门户网站发布的信息、链接等要严格审核检查通过，保障师生的信息安全，规范网络言行。

第二，利用技术手段搭建校园网络空间"防火墙"。目前，诸如抖音、Bilibili 网站等微视频网站都推出了"青少年模式",开启该模式可拦截过滤不良信息、设置上网时间等。利用网络防火墙技术可为青少年营造良好的网络空间。大学生思想政治教育工作者应积极与相关技术人员合作,利用一定的网络技术手段,过滤有害信息,引导大学生合理用网,营造安全健康的校园网络环境。

第三,常态化的把关机制则需要健全高校引导和管理制度规范。高校应牢牢坚持党管意识形态原则,发挥党委对网络意识形态传播教育的领导权和责任意识。要建立健全网络工作的相关规章制度,对网络失范行为依规及时惩处,并加强师生规范网络行为的宣传教育,以规范和引导微思潮朝积极正向的方向发展。

(二) 线上线下思政融合,共筑话语新高度

微时代的到来,标志着信息技术的新发展,这一变革推动了人们的生活从现实领域向网络虚拟空间扩展。随着手机等移动传播工具的普及,个体的存在状态逐渐分裂,既在现实世界中拥有一席之地,又在虚拟世界中扮演着另一种角色。这两种角色时而相互对立,时而又彼此统一,反映了个体在现实生活与网络世界中的双重性。然而,在这种虚拟与现实交织的生活中,不少青年人沉迷于虚拟世界所带来的新奇与刺激感觉,导致他们在真实与虚幻之间失去了明确的界限。此外,虚拟身份的匿名性和现实角色的交织,使部分青年人的自我认知出现混乱,表现出线上与线下截然不同的思想和行为模式。这一现象无疑为思想政治教育工作带来了新的难题。因此,面对微时代的挑战,思想政治教育必须将虚拟空间和现实空间同时纳入考量,将两者有效结合,这是当前时代背景下,思想政治教育话语体系创新与转型所面临的新课题。

第一,虚、实场域协同,要求教育交往场域要将线下的师生交往与线上网络空间的交往相结合,使现实场域与虚拟场域的思想政治教育影响互为补充、互相裨益。电子传播不甚发达的时代,大学生思想政治教育实践集中在现实场域里。但现实和虚拟两个场域并不是截然对立的,在虚拟空间的新场域,更加呼唤思想政治教育的出现。一方面,通过现实生活中的沟通,思想政治工作者能更直接、具体地了解到学生的真实情况,包括个人家庭状况、心理状态、思想水平等,为彼此之间开展话语交往提供较为客观的信息基础;另一方面,通过关系更为平等、融洽的虚拟交往过程,师生彼此增进互信,增强情感联结。如高校思想政

工作者用好自己的微信、微博、论坛等,打造"微言大义""无微不至"的个人虚拟空间,积极利用网络平台与学生就感兴趣的现实问题进行交流,这有利于教师融入学生们的日常话语场域中,有助于思想政治工作者捕捉大学生的真实心理动态和潜在的思想问题,因势利导地加以教育引导。

第二,大学生思想政治教育必须坚持线上、线下教育话语信息内核的统一性和一致性。在虚拟空间教育场域,思想政治工作者首先要保证自身线上、线下人格品质的一致性,发挥示范作用。思想政治工作者应以身作则,并且主动带头传播正能量,自觉抵制错误思潮,尤其应与大学生密切关注的现实性问题结合起来,让大学生分清虚拟与现实的边界,将注意力更多地转移到现实世界,从而减少在虚拟空间的沉溺。

第三,统合虚拟与现实两个场域的话语影响,要引导帮助学生在虚拟与现实的交叠中把握自我的统一。自我统一感是自我认识的关键,也是心理健康的衡量标准之一。思想政治工作者要充分发挥价值观话语的引导作用,积极通过心理辅导、实践锻炼等方式帮助学生养成良好的用网习惯,培养知行统一的角色意识和责任意识,在虚拟与现实两个空间保持一致的修养品格。在虚拟空间,加强社会主义核心价值观的教育引领作用,网络宣传教育要结合现实、展现现实,营造具有现实感的多媒体文化空间。

(三) 接轨国际话语,构建大国话语

"微时代"网络一定程度上具有全球联通的特点。通过网络,全球资讯奔涌而来,加剧了微空间舆情的复杂性,这就需要思想政治教育发挥主导作用,营造掷地有声的大国话语舆论阵地。中国是具有悠久历史的文明古国,并且是在改革开放以来不断迸发发展潜力的经济大国,与之相适应的中国话语需要被构建起来,如此才能在国际社会中传达大国精神,向世界展示一个更真实、更立体的中国形象。

第一,营造大国话语阵地应积极扶持哲学社会科学学科体系发展,努力构建适用于中国国情的知识体系。话语与知识、权力相互关联。话语权力的取得需要以相应的知识体系的构建为基础。而当前我国哲学社会科学领域的知识体系尚存在独立自主性不足的痼疾,使得中国话语在世界的传播影响力缺乏有力支撑。学

者郑永年指出，当前中国许多研究要么是用西方的东西解释中国，要么就是缺乏自己的知识话语体系使之能与西方对话，造成了自说自话的现象。要发挥哲学社会科学育人功能，积极构建中国特色、中国风格、中国气派的哲学社会科学学科体系，强化马克思主义理论学科的引领作用。因此，基于本国国情，重构自身的知识体系是在国际社会中解释好自己的前提。

第二，加强中国模式的研究，增强中国话语的传播影响力。中国共产党带领中国人民探索走出的中国特色社会主义道路、国家治理中涌现的生动政治实践、马克思主义中国化过程中开创的创造性理论为世界各国的现代化建设贡献了中国智慧，也为全球治理体系改革和建设提供了中国方案。以"人类命运共同体"思想为代表的中国外交理念符合世界人民的根本期望，越来越多地受到国际社会认可，被写入联合国等国际组织决议，彰显了中国作为负责任的大国形象，其理念与人类社会发展的基本方向的高度契合，正逐渐成为全球治理新理念。思想政治教育话语要通过中国故事、中国行动、中国理念的辩说，明确中国模式对世界文明发展贡献的价值，为我国在实现中华民族伟大复兴中国梦进程中所取得的阶段性成就找出合适的理由。

第三，增强我国话语的国际影响力。在国际话语场中争夺话语权是一个循序渐进的过程，不可能一蹴而就。就目前可实现的具体路径而言，可以先从扩大中华文化的话语影响力入手，逐步扩展到强化政治话语权和其他方面。提高我国的文化影响力，彰显文化自信，要善于提炼标识性概念，打造易于为国际社会所理解和接受的新概念、新范畴和新表述。话语内容尤其应汲取中华优秀传统文化的文化积淀，将其与新时代中国特色社会主义理论体系中具有中国特色的新表述、新概念结合，坚守文化自信和政治立场，以文化话语权带动政治话语权的建设，逐步构建起彰显中国特色、展现中国形象的大国话语舆论场。

在增强文化影响力方面，发挥好教育、商业贸易、大众传媒等在文化交流中的作用，推动中国文化走向世界，增进中华文明与世界文明之间的尊重理解。具体而言，各国的孔子学院作为中外合作建立的非营利性教育机构，在传播中国语言文化、加强中外文化教育方面具有重要意义。而共建"一带一路"倡议、各类博览会也为中华文化的传播搭建了平台。另外，在网络微时代，发挥全球性"网红"的宣传效应为传播中国文化、提高国际影响力另辟蹊径。实际上，微时代下，每个中国民众都可以成为宣传中国故事的讲解员，在微媒介向外国网友展示真实可亲的中国形象，在对话交流中传播中国话语、中国智慧。大学生思想政治教育的要义之一也是要逐步培养大学生的道路自信、理论自信、制度自信、文化自信，最终使每个人都成为积极讲述中国故事、传播中国形象的有力力量。有效利用国际微媒体平台展现中华文化魅力，扩大中国话语的传播面，让世界了解真正的中国，从而提升中国在国际舆论场中的话语权，营造大国话语舆论阵地。

参考文献

[1] 包天强.全媒体时代大学生媒介素养教育进阶理路[J].青年记者,2023(24):119.

[2] 曹劲松.网络传播中舆论正能量的聚合与引导[J].阅江学刊,2024,16(2):17.

[3] 陈晓琳."微时代"大学生思想政治教育创新研究[D].沈阳:辽宁大学,2017:34-35.

[4] 崔文慧.微时代大学生思想政治教育功能发挥的优化路径研究[D].武汉:武汉工程大学,2023:13-54.

[5] 戴艳军,娄慧.新时代思想政治教育"生命线"原理的创新发展[J].大连理工大学学报:社会科学版,2021,42(5):17-22.

[6] 关心,崔素娟.微时代下大学生思想政治教育话语权构建研究[J].现代教育科学,2017(8):59-63.

[7] 侯培培.基于微时代下大学生心理特点的高校思想政治教育工作研究[D].成都:西华大学,2017:11-13.

[8] 华山."微时代"加强大学生思想政治教育的新路径[J].江淮论坛,2017(4):182-185.

[9] 景荣.微时代背景下大学生思想政治教育创新刍议[J].学校党建与思想教育:普教版,2015(12):66-67.

[10] 刘继强.微时代大学生网络道德教育研究[D].成都:电子科技大学,2018:80-140.

[11] 刘丽琴."微时代"背景下高校思想政治"微教育"探析[J].学校党建与思想教育,2019(4):40-42.

[12] 刘欣怡.微时代大学生信息安全意识教育研究[D].天津:天津工业大学,2022:23-44.

[13] 娄衍群.微时代大学生意识形态安全教育研究[D].曲阜:曲阜师范大学,2021:7-43.

[14] 吕前昌,盖立涛.从道德自觉走向政治自觉的理性审视[J].理论月刊,2010(4):171.

[15] 马威.大学生网络信息安全意识教育现状分析及教育对策——以河南地区为例[J].河南教育(高等教育),2023(12):31.

[16] 孟丽娟.新媒体时代网络传播引导实证研究[J].采写编,2023(2):91.

[17] 潘强."微时代"高校思想政治教育话语创新探索[J].高教学刊,2021,7(28):55.

[18] 钱圆圆,金艾裙.微媒体时代提升高校"微心理"育人质量的路径研究[J].菏泽学院学报,2022,44(3):76-80.

[19] 汪丽娜,辛平.微时代大学生思想政治教育的创新探析[J].新教育时代电子杂志(教师版),2019(5):6.

[20] 王国泽.微时代高校思想政治工作话语建设的现实际遇及策略研究[D].重庆:西南大学,2019:15-23.

[21] 王舒琴.大学生微公益活动实践育人研究[D].大连:大连理工大学,2022:14-16,19-22,42-54.

[22] 王赵.微公益融入大学生思想政治教育的价值意蕴与实践路径[J].无锡商业职业技术学院学报,2023,23(1):85.

[23] 肖晓哲.微时代、微平台、微载体:大学生思想政治教育工作模式创新研究[J].教育现代化,2018,5(37):233.

[24] 薛婷."微时代"背景下大学生思想政治教育研究[D].太原:太原理工大学,2018:19-26.

[25] 闫蘦之.大学生思想政治教育微载体效用研究[D].杭州:浙江大学,2023:18-85.

[26] 杨帆,王清涛.信息化时代的网络传播[J].现代交际,2021(8):66.

[27] 赵金霞."微时代"高校意识形态认同教育的紧迫性和着力点[J].理论导刊,2016(12):97-100.

[28] 赵颖.微时代高校网络舆情思政教育引导研究[D].西安:西安理工大学,2023.

[29] 郑友琳.微时代大学生思想政治教育话语创新研究[D].江苏:南京师范大

学,2021:1,32-59.

[30] 朱尚品,周映锋."微时代"思想政治教育话语发展审视:特点、困境与消解[J].黑龙江教师发展学院学报,2022,41(11):108.

[31] 朱少云,宋文元.新时代大学生意识形态安全价值、挑战及路径[J].重庆第二师范学院学报,2024,37(2):122.

[32] 朱晓晖."微时代"下的高校思想政治教育问题[J].继续教育研究,2016(5):44-46.

[33] 邹鑫亚.微时代大学生道德自觉及其培育研究[D].湘潭:湖南科技大学,2023:9-35.